Marie-Theres Seiler
Materialien und Kopiervorlagen
zur Klassenlektüre

Sigrid Zeevaert

Josh
ist mein Freund

Hase und Igel®

Inhalt

www.hase-und-igel.de
Lektorat: Anna Schultes
Satz: Appel Grafik München GmbH
Illustrationen: Anna Laura Jacobi (aus der Lektüre),
Uta Fischer (S. 9 und 27/28) und Fides Friedeberg (S. 11, 22, 32 und 33)

ISBN 978-3-86760-560-1

Das Buch

Der Roman „Josh ist mein Freund“ von Sigrid Zeevaert ist ein Plädoyer gegen Vorurteile denjenigen gegenüber, die nicht der gesellschaftlichen Norm entsprechen: Josh zum Beispiel, den seine Mutter oft allein lässt, der zu viel wiegt und sich manchmal nicht unter Kontrolle hat. Oder die „Rattenfrau“, die auf der Straße umherirrt und immer schmutzige Kleidung trägt. Es geht darum, Verständnis zu entwickeln. Was eine Freundschaft ausmacht, ist ein weiterer wichtiger Aspekt des Buches.

Jan ist ein sensibler Junge aus gutem Elternhaus, der mit Mutter, Vater und zwei Schwestern zusammenlebt. Wenn da nur nicht seine Herzkrankheit wäre. Bald steht die nächste Operation an. Jans Freund Josh kommt aus weniger behüteten Verhältnissen. Seinen Vater kennt Josh nicht. Seine Mutter ist nur bedingt zuverlässig. Jan und Josh streifen gern in der Natur umher. Bei diesen Ausflügen werden sie regelmäßig zum Spielball zweier älterer Jungen, die auf sehr aggressive Weise vorgehen. Die Freundschaft zwischen Jan und Josh wird auf die Probe gestellt, als Josh sich bei einer Auseinandersetzung mit einem anderen Jungen von Jan verraten fühlt. Außerdem erscheint Lara-Sofie auf der Bildfläche. Jan hilft seiner Mitschülerin in Mathe und hat sie sehr gern, was Josh eifersüchtig macht.

Zum Schluss nimmt die Geschichte eine Wende: Aki und Phil, die Jan und Josh immer wieder attackiert haben, werden für ihre Taten zur Rechenschaft gezogen. Mit einem Messer, das Josh im Bach gefunden hat, haben sie eine Obdachlose verletzt – ob versehentlich oder absichtlich, bleibt offen. Zunächst ist es allerdings Josh, der unter Verdacht gerät, und aus Angst, dass ihm niemand glaubt, verschwindet.

Die Geschichte ist mitten aus dem Leben gegriffen. Jungen wie Mädchen werden sich schnell angesprochen fühlen und sich mit den Figuren Jan, Josh oder Lara-Sofie identifizieren können. Wie gehe ich mit meinen Mitschülern um? Woran erkenne ich einen guten Freund? Wie fühlt es sich an, das erste Mal verliebt zu sein? Wie verhalte ich mich Menschen gegenüber, die mir fremd oder seltsam vorkommen? Das sind Themen, die Kinder dieses Alters interessieren. Darüber hinaus werden viele Bereiche des Sachunterrichts gestreift: der menschliche Körper, Haustiere, Pflanzen, das Weltall und die Sterne. Nicht zuletzt geht es um die Freude am Lesen.

Die Themen Mobbing, Freundschaft und Toleranz fordern dazu auf, eigene Erfahrungen einzubringen und innerhalb des Klassenverbands darüber zu sprechen. Die klare, sehr einfühlsame Erzählweise des Buches besticht. Es eignet sich sowohl sprachlich als auch thematisch als Lektüre für die 3. und 4. Jahrgangsstufe.

Das Material

Das Material beginnt mit einem Lehrerteil, in dem Sie kurze Inhaltszusammenfassungen, Gesprächs- und Schreibanlässe, didaktische Hinweise und Lösungen zu den Kopiervorlagen sowie weiterführende Anregungen für Ihren Unterricht finden.

Die sich anschließenden Kopiervorlagen können Sie direkt im Unterricht einsetzen. Sie bieten abwechslungsreiche Aufgaben zur Überprüfung der Textkenntnis und regen die Schüler dazu an, sich in die Figuren einzufühlen und Verständnis zu entwickeln. Mit allen Sinnen nähern sie sich den verschiedenen Aspekten des Buches: Zu Beginn und am Ende der Lektüre studieren sie ein Lied ein, sie schreiben ein Gedicht und proben ein Theaterstück. Darüber hinaus steht im Material eine Auswahl an kreativen Mal- und Bastelvorschlägen zur Verfügung.

Mehrere Arbeitsblätter beschäftigen sich mit Mobbing und wie man sich zur Wehr setzen kann: Mit einem Rap üben die Kinder beispielsweise entschiedenes Auftreten und klares Aussprechen. So erlernen sie hilfreiche Verhaltensweisen, die bestärken können, wenn man in eine Notlage gerät. Außerdem beinhaltet das Material Informationen und Arbeitsaufträge zu Themen aus dem Sachunterricht: das Herz und seine Aufgaben im Körper, gesunde Ernährung und Haustiere. Eine kurze Sequenz zu Obdachlosigkeit widmet sich den Gründen für schwierige Lebensumstände.

In der Kopfzeile jeder Kopiervorlage finden Sie eine Symbolleiste, die auf einen Blick deutlich macht, welche Schüleraktivitäten hier im Vordergrund stehen:

Und nun: Gehen Sie gemeinsam mit Ihren Schülern den Weg mit Jan, Josh und all den anderen, die die beiden begleiten. Es lohnt sich. Viel Freude dabei!

Marie-Theres Seiler

Vor der Lektüre

Dieser Abschnitt dient dazu, die Schüler auf die Lektürearbeit einzustimmen. Falls Sie ein Lesetagebuch einsetzen möchten, bereiten die Kinder es mithilfe einer Anleitung vor. Außerdem finden Sie in dieser Einheit Informationen zur Autorin Sigrid Zeevaert.

Hinweise zu den Kopiervorlagen

Ein Lesetagebuch gestalten

Es bietet sich an, vor Beginn der Lektüre ein Lesetagebuch zu basteln. So können die Schüler von Anfang an Aufzeichnungen machen. Auch eine der beiden Hauptfiguren führt ein Tagebuch: In „Über das Leben in der Natur" notiert Jan seine Gedanken und Entdeckungen. Wahrscheinlich ist es notwendig, dass Sie ab und zu an das Tagebuch erinnern und Zeit zum Schreiben zur Verfügung stellen. Wenn auf den Arbeitsblättern darauf hingewiesen wird, ins Heft zu schreiben, kann das Lesetagebuch eingesetzt werden. Falls Sie nicht damit arbeiten, erledigen die Kinder die Aufgaben im Heft.

Sigrid Zeevaert kennenlernen

Vor der Lektüre sollen die Schüler mithilfe dieses Textes etwas über die Autorin erfahren. Um das Bild zu vervollständigen, können sie selbstständig im Internet Nachforschungen über Sigrid Zeevaert anstellen. Als Hilfe können Sie konkrete Fragen vorgeben (Antworten unter *www.sigridzeevaert.de*), z. B.:

- Wie heißt das neueste Buch von Sigrid Zeevaert?
- Welche Bücher hat sie noch geschrieben?
- Wie heißt die Erzählung, die das ZDF verfilmt hat?

Lösung

Aufgabe 1:

Sigrid Zeevaert wurde 1960 in Aachen geboren. (…) Als Grundschulkind besuchte sie eine Montessori-Schule. Schon zu dieser Zeit merkte sie, wie viel Spaß sie am Schreiben hatte.

Nach dem Abitur studierte sie mit dem Ziel, Grundschullehrerin zu werden. Als Abschlussarbeit schrieb sie das Buch „Max, mein Bruder". Dafür erhielt sie mehrere Auszeichnungen. Bestimmt hat Sigrid Zeevaert das ermutigt, weitere Bücher für Kinder zu schreiben. Sie entschied sich gegen den Lehrerberuf, um sich ganz darauf konzentrieren zu können. (…) Viele der folgenden Bücher wurden ausgezeichnet und einige sogar in andere Sprachen übersetzt. (…)

Aber nicht nur Bücher, sondern auch Kurzgeschichten hat die Autorin verfasst. Sogar Kindertheaterstücke gehören zu ihrem Werk. (…)

Weiterführende Anregung

Lassen Sie die Schüler von ihren Leseerfahrungen erzählen. Dabei können folgende Fragen helfen:

- Wie heißt dein Lieblingsbuch?
- Welches Buch liest du gerade bzw. hast du zuletzt gelesen?
- Wie viel Zeit verbringst du in der Woche mit Lesen?
- Welches Buch würdest du deinem Freund / deiner Freundin empfehlen und warum?
- Was für ein Buch würdest du gern einmal selbst schreiben? Welchen Titel würdest du ihm geben und wie sähe der Umschlag aus?
- Welche Kinderbuchautoren kennst du? Was denkst du: Warum schreiben sie für Kinder?

1. bis 11. Kapitel: **Durch dick und dünn**

Inhalt

Jan ist auf dem Weg von der Schule nach Hause. Seine Tasche ist wie immer viel zu schwer, denn Jan sammelt gern und trägt außer seinen Schulsachen noch andere Dinge mit sich herum. Da begegnet er Aki und Phil, die älter sind als er. Die beiden treiben ihren „Spaß" mit Jan. Einer der Jugendlichen stellt ihm ein Bein, sodass er mit Schrammen im Gesicht zu Hause ankommt. Den Nachfragen seiner Mutter beim Mittagessen mit seinen Schwestern Paulina und Amelie weicht Jan aus.

Als er ein paar Tage später mit seinem Freund Josh an ihrem Lieblingsplatz am Bach ist, tauchen Aki und Phil erneut auf und hängen Jans Fahrrad in einen Baum. Beim Versuch, sie daran zu hindern, fällt Jan ins kalte Bachwasser. Sein Fahrrad kann er nicht unbeschadet vom Baum befördern. Mühsam schiebt und trägt er es nach Hause. Er zieht sich eine heftige Erkältung zu. Das ist bei Jan besonders schlimm, denn er hat ein Problem mit seinem Herzen. Bei seiner Geburt fehlte ein Verbindungsstück zwischen Lunge und Herz. Außerdem musste ihm eine Herzklappe eingesetzt werden. Bald steht der nächste Krankenhausaufenthalt an.

In der Schule merkt Jan am darauffolgenden Tag, dass etwas nicht stimmt. Seine Mutter holt ihn ab. Als es Jan wieder besser geht, besucht ihn Josh und zeigt ihm, was er aus dem Bach gefischt hat: ein Messer. Damit möchte sich Josh in Zukunft gegen Aki und Phil zur Wehr setzen.

Gesprächs- und Schreibanlässe

Jan sammelt Dinge in der Natur, zum Beispiel ein Vogelskelett und tote Käfer.
- Kannst du das verstehen? Begründe.
- Was sammelst du gern?

Aki und Phil stellen sich Jan in den Weg.
- Bist du schon einmal von anderen bedroht worden? Wenn ja, wie hast du dich verhalten?
- Würdest du zu Hause erzählen, dass dich jemand bedroht hat?
- Wann hast du zum letzten Mal deinen Eltern oder einem anderen Erwachsenen etwas anvertraut, das dich bedrückte?
- Sprichst du regelmäßig mit deinen Eltern über das, was du in der Schule / in deiner Freizeit erlebst?

Fanni ist Jans Katze. Sie kann „trösten".
- Hast du auch ein Haustier? Wenn ja, versorgst du dein Haustier allein oder helfen deine Eltern mit? Wenn nein, welches Haustier hättest du gern?
- Was weißt du über die richtige Pflege eines Haustiers?

Jan und Josh haben ihren Lieblingsplatz am Bach.
- Hast du auch einen Lieblingsplatz? Erzähle davon.
- An welchem Ort fühlst du dich am sichersten?

Jan hat ein Herzproblem.
- Kennst du Menschen, die ein Problem mit ihrem Herzen haben?
- Wie reagiert dein Herz, wenn du aufgeregt bist oder rennst?

Jan ist gut in Mathe. Er hilft Lara-Sofie.
- Welche Fächer magst du besonders gern? Welche nicht so sehr?
- Hast du schon einmal um Hilfe gebeten, wenn du im Unterricht etwas nicht verstanden hast?
- Hast du schon einmal deine Hilfe angeboten?
- Fallen dir Dinge ein, die nur Jungen oder nur Mädchen gut können? Kann man das so allgemein sagen oder gibt es Ausnahmen?

Lasse zieht Jan wegen Lara-Sofie auf. Er sagt: „Du bist ja ganz blass. Etwa, weil Lara-Sofie was von dir will?" (S. 33)
- Erkläre, was das bedeutet.
- Findest du in Ordnung, was Lasse macht? Warum oder warum nicht?
- Jan ist krank und zu müde, um Lasse zu antworten. Was könnte er sagen, damit Lasse ihn in Ruhe lässt?

Als Jan mit seiner Mutter im Auto sitzt, sieht er auf dem Marktplatz eine verwahrloste Frau, die die Kinder nur „Rattenfrau" nennen.
- Findest du es in Ordnung, einen Menschen als „Rattenfrau" zu bezeichnen? Begründe.
- Was könnte der Frau passiert sein?
- Hast du auch schon einmal Menschen gesehen, die auf der Straße leben? Erzähle davon.

Josh findet ein Messer.
- Besitzt du ein Messer? Kennst du ein Kind, das ein Messer besitzt?
- Wann ist ein Messer hilfreich? Was kann man Schönes damit machen?
- Warum kann es auch gefährlich sein, wenn man ein Messer mit sich herumträgt?
- Überlege dir, wie die Geschichte mit Joshs Messer weitergehen könnte.

Hinweise zu den Kopiervorlagen

Bücher lesen (Lied)

Im 1. Kapitel erfahren wir, dass Jan Bücher mag (S. 7). Lesen ist wie das Abtauchen in eine andere Welt. Es eröffnet neue Dimensionen. Lesen tut gut. Es kann entspannend sein, egal, ob es sich bei der Lektüre um einen Roman, ein Sachbuch oder eine Biografie handelt. Das Lied „Bücher lesen" betont diese Vorzüge. Ich habe es mit Kindern eines dritten und eines vierten Schuljahrs viele Male gesungen. Es hat immer großen Spaß gemacht. Das Lied ist ganz einfach nachzusingen. Mit Gitarrenbegleitung ist es noch schöner. Während der halben Pausen kann zweimal geklatscht werden.

Der Liedtext eignet sich auch als Rap. Denken Sie sich mit den Schülern dem Inhalt entsprechende Körperzeichen aus. Vorstellbar ist auch die Erarbeitung in kleinen Gruppen. Jede Gruppe trägt dann ihren Rap vor.

Weiterführende Anregungen
- Perfekt ist es, wenn man die im Liedtext genannten Länder auf einem Globus zeigen und ein paar Informationen dazu geben kann.
- Gehen Sie gemeinsam in die Schul- oder in die öffentliche Bücherei.

Jans Welt

Gleich nach der Lektüre des 1. Kapitels stellen die Schüler ihre Aufmerksamkeit und Textkenntnis unter Beweis. Kinder, die es brauchen, sollten das Buch zu Hilfe nehmen können.

Lösung

1. Jans Schultasche ist so schwer, weil er gern seine Sachen bei sich trägt, zum Beispiel Bücher.
2. Er träumt davon, ein eigenes Buch zu schreiben.
3. Auf dem Umschlag steht „Über das Leben in der Natur".
4. Sie heißen Paulina und Amelie.
5. Sie heißen Aki und Phil.
6. Das Herz klopft und der Mund ist trocken.
7. Jan taumelt, fängt sich aber wieder. Dann wird ihm ein Bein gestellt und er fällt hin. Als die Jungen weg sind, läuft er nach Hause.

Holzköpfe!

Auf diesem Arbeitsblatt befassen sich die Schüler mit den „Gegenspielern" von Jan und Josh: Aki und Phil. Sie überlegen sich, wie sie Jan und Josh am Bach helfen können. Gehen Sie darauf ein, dass es wichtig ist, in Notsituationen einzugreifen. Dabei sollte man sich aber nie selbst in Gefahr bringen.

Lösung

Aufgabe 1:

Die Jugendlichen bedrohen regelmäßig Schwächere.
Sie ziehen Josh auf, weil er stottert.
Sie verschwinden, nachdem sie Jans Fahrrad in einen Baum gehängt haben.

Aufgabe 2:

z. B.

Lasst Jan und Josh in Ruhe. Ihr seid viel größer – das ist unfair!

Es ist mir zu gefährlich, Aki und Phil anzusprechen. Ich hole lieber Hilfe.

Das Herz

Jan ist herzkrank und muss immer wieder operiert werden. Sie können Ihren Schülern seine Krankheit durch den Vergleich mit einem Auto erklären (siehe Infokasten rechts). Auf den Arbeitsblättern befassen sie sich mit einem der wichtigsten Organe in unserem Körper, indem sie Fragen zu einem Sachtext beantworten. Bringen Sie zur Veranschaulichung ein Modell des Blutkreislaufs (z. B. aus dem Internet) mit in den Unterricht. So werden die Aufgaben von Herz (Versorgen des Körpers mit sauerstoffreichem Blut) und Lunge (Anreicherung des Blutes mit Sauerstoff) noch einmal deutlicher.

Ein toller Spielfilm zum Thema ist „Dieses bescheuerte Herz" (2017) mit Elyas M'Barek und Philip Noah Schwarz in den Hauptrollen.

Lösung Seite 23

Aufgaben 1 und 2:

1. Das menschliche Herz ist etwas größer als eine Faust.
2. Es sorgt dafür, dass Blut in einem Kreislauf durch unseren Körper fließt.
3. Wenn das Herz schlägt, zieht es sich zusammen und presst frisches Blut in die Arterien.
4. Mein Herz schlägt etwa hundert Mal in der Minute.
5. In meinem Körper fließen zwei bis drei Liter Blut.
6. Diese Blutgefäße nennt man Arterien.
7. Diese Blutgefäße nennt man Venen.
8. Die Blutgefäße wären über 100 000 Kilometer lang.

So kann man Kindern Jans Krankheit erklären

Der Vergleich mit einem Auto macht die komplizierte Herzkrankheit anschaulicher. Er stammt von einem Kardiologen, der sie auf diese Weise seinen jungen Patienten erklärt: Die Leitung (Benzinleitung), durch die das sauerstoffarme Blut (Benzin) in den Lungenkreislauf gelangen soll, ist defekt, viel zu klein oder auch gar nicht vorhanden (wie bei Jan, vgl. S. 29). Außerdem ist eine Klappe (Ventil) im Herzen (Motor) kaputt. Das Blut muss aber unbedingt in die Lunge, um dort mit neuem Sauerstoff versorgt zu werden. Deshalb ist es wichtig, die fehlende „Benzinleitung" und das „Ventil" zu reparieren.

Weiterführende Anregung

Besprechen Sie mit den Kindern, was dem Körper – insbesondere dem Herzen und der Lunge – guttut:

- gesundes Essen: dem Übergewicht vorbeugen
- bewusst atmen, Bauchatmung üben (kann als kleine Entspannungsübung zwischendurch in den Unterricht integriert werden)
- gymnastische Übungen aller Art (ebenfalls leicht in den Unterrichtsalltag einzubauen)
- Singen entspannt, tut Herz und Lunge gut (auf die richtige Atmung achten)
- sich wohlfühlen: ein gutes Klassenklima schaffen, freundlich miteinander umgehen

Das Herz in der Sprache

Wir beschreiben das Herz bildlich als „Sitz unserer Gefühle“. Auch wenn Gefühle im Gehirn entstehen, haben sie zumindest Einfluss auf das Herz. Denn die beiden Organe sind durch verschiedene Systeme eng miteinander verbunden (z. B. autonomes Nervensystem und Immunsystem). Bei Angst, Aufregung oder auch Verliebtheit schlägt das Herz schneller. Auf dem Arbeitsblatt befassen sich die Schüler mit sprachlichen Ausdrücken rund um das Herz.

Lösung

Aufgabe 1:

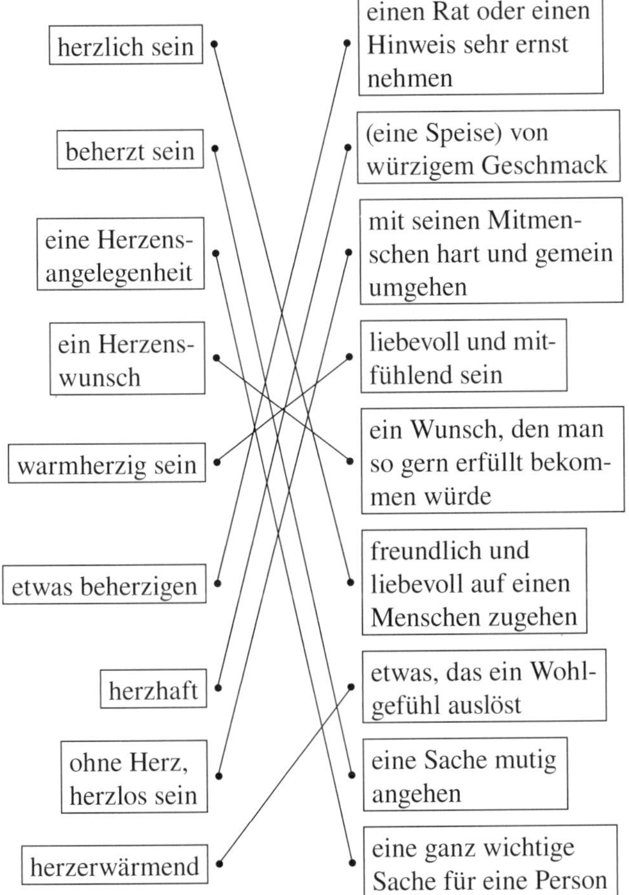

Weiterführende Anregungen

- Lassen Sie die Kinder weitere Ausdrücke suchen, die sich auf das Herz beziehen.
- Gehen Sie auf „Der kleine Prinz“ von Antoine de Saint-Exupéry ein. Der Fuchs sagt dem kleinen Prinzen: „Man sieht nur mit dem Herzen gut. Das Wesentliche ist für die Augen unsichtbar.“ Was bedeutet das? Wir „sehen“ mit dem Herzen das Innere/das Gute des Menschen. Wir erkennen, weshalb sich ein Mensch so oder so verhält. Wenn man nur vom Äußeren ausgeht, führt das oft zu falschen Schlüssen. Zu schnell sind wir mit einem Urteil zur Stelle.

Durch dick und dünn

Auf diesem Arbeitsblatt stehen die beiden Hauptfiguren im Fokus. Indem die Kinder ihnen Merkmale und Eigenschaften zuordnen, führen sie sich vor Augen, wie unterschiedlich Jan und Josh sind. Es gibt aber auch Gemeinsamkeiten. Trotzdem wird schnell klar, dass Jan deutlich behüteter aufwächst und Josh es in verschiedener Hinsicht nicht leicht hat. Im 11. Kapitel kommt auch seine Familiensituation zur Sprache: Josh lebt allein mit seiner Mutter, die regelmäßig Alkohol trinkt. Sein Vater hat sich nie für ihn interessiert. Dass der Junge trotz der schwierigen Umstände ein toller Freund für Jan ist, arbeiten Ihre Schüler in der zweiten Aufgabe heraus.

Lösung

Aufgabe 1:

Jan (grün): liest gern, dünn, hat zwei Schwestern, hat eine Katze, klein, schnell und geschickt, ist herzkrank, wohnt im Grünen

Josh (blau): wohnt im Hochhaus, lebt mit seiner Mutter allein, stottert, schnell wütend, ist ein Beschützer, manchmal langsam, groß, dick

beide (rot): ist gern am Bach, sammelt Dinge in der Natur

Aufgabe 2:

z. B. Josh versucht, Aki und Phil zu vertreiben, als sie sich am Bach Jans Fahrrad holen (4. Kapitel). Josh stattet Jan einen Krankenbesuch ab (11. Kapitel).

Geht jetzt weg (Rap)

Hier haben mal nicht Aki und Phil die Position der Überlegenen, sondern es sind Jan und Josh. Auch Aki und Phil sagen etwas, aber deutlich weniger als Jan und Josh. Sie sind also schon kleinlauter geworden.

Je zwei Schüler (Jan und Josh) tragen im Wechsel eine Strophe vor. Alternativ können Sie die Strophen auch auf sechs Kinder verteilen. Die Sprecher stemmen die Hände in die Hüften und treten rhythmisch erst mit dem rechten, dann mit dem linken Bein auf. Die dritte und die fünfte Strophe übernehmen zwei weitere Schüler (Aki und Phil) gemeinsam. Aki und Phil zeigen sich gelangweilt und beleidigend. Den Refrain spricht die ganze Klasse. Sie können ihn beliebig oft wiederholen, beispielsweise nach der zweiten, vierten, sechsten und achten Strophe. Er wird durch Klatschen betont.

Allein durch ein entschiedenes Auftreten und ein klares Aussprechen dessen, was uns stört, tut sich etwas in unserem Körper. Wir fühlen uns anders. Wir werden deutlicher. Wir treten dem Unrecht mutig entgegen und ändern auf diese Weise vor allen Dingen uns selbst und damit die Situation. Wichtig ist auch die Körpersprache. Das, was gesagt wird, sollte der ganze Körper ausdrücken. Andernfalls erscheint man nicht glaubhaft. Der Rap eignet sich sehr gut, um das einzuüben.

Weiterführende Anregung
Hier ist ein Spruch, der stärken kann: „Halt, stopp, ich fühle mich gemobbt. Lass das, ich hass das. Meine Mutter will das nicht. Mein Niveau, dein Niveau – geht nicht.“ Der Spruch stammt aus einem Anti-Mobbing-Programm und findet sich in verschiedenen Abwandlungen im Internet. Dort gibt es auch gut gemachte Videos dazu.

12. bis 24. Kapitel: **Freundschaft auf dem Prüfstand**

Inhalt

Fanni, Jans Katze, bekommt fünf Junge. In der Schule hat Josh eine Auseinandersetzung mit einem Mitschüler. Jans Versuch zu helfen wird von Josh als Verrat gedeutet. Als Josh seinen Freund nachmittags besucht, um die Kätzchen zu sehen, ist Lara-Sofie bereits da. Josh ist eifersüchtig und geht kurze Zeit später wieder.

Am darauffolgenden Tag ist Josh nicht in der Schule. Nach dem Mittagessen macht sich Jan auf die Suche nach ihm und begegnet auf dem Weg der „Rattenfrau“. Am Bach findet er Josh, der behauptet, er habe Bauchschmerzen gehabt. Josh zeigt Jan seine gesammelten Schätze und die beiden sitzen zusammen am Bach. Josh erzählt Jan, dass er im Moment allein zu Hause ist. Manchmal verschwindet seine Mutter für mehrere Tage. Jan empfindet die Stimmung am Bach als friedlich, aber auch als unheilvoll. Josh gibt Jan das Messer, ein echter Beweis, dass nun alles wieder gut ist zwischen ihnen.

Jans Mutter bittet ihn, Butter einzukaufen. Auf dem Weg zum Lebensmittelgeschäft wird er von Aki und Phil gestoppt. Zwei weitere Jungen und ein Mädchen sind auch dabei. Sie nehmen Jan das Messer ab und stecken ihn in einen Müllcontainer. Irgendwann ziehen sie weiter. Jan hat große Mühe, aus dem Container herauszukommen. Als er zu Hause eintrifft, erzählt Jan seiner Mutter von dem Übergriff und erhält Trost von der ganzen Familie.

Am nächsten Tag ist Josh wieder in der Schule. Seine Mutter ist aber immer noch nicht zu Hause. Wegen des Messers ist Josh seinem Freund nicht böse. Jan macht sich allerdings Sorgen, weil Josh Rachegedanken gegenüber Aki und Phil äußert.

Gesprächs- und Schreibanlässe

Josh wird gehänselt, weil er dick ist und stottert.
- Warum ist es unfair, sich über andere wegen ihres Äußeren oder ihrer Macken lustig zu machen?
- Was kannst du tun, wenn du gehänselt wirst?
- Hast du schon einmal jemanden beleidigt? Wie kann man das wiedergutmachen?
- Wie verhältst du dich, wenn deine Entschuldigung nicht angenommen wird?

Josh ist eifersüchtig, als er Lara-Sofie bei Jan antrifft.
- Was bedeutet Eifersucht? Sprecht darüber.
- Warst du schon einmal so richtig eifersüchtig? Erzähle.
- Warum tut es gerade Josh sehr weh, als er sieht, dass Lara-Sofie bei Jan ist?

Joshs Mutter ist manchmal „in geheimer Mission unterwegs“ (S. 68).
- Was bedeutet das?
- Ist bei dir immer jemand zu Hause, wenn du nach der Schule heimkommst?
- Warum ist es wichtig, dass Kinder nicht über längere Zeit allein sind?

Jan interessiert sich für den Himmel und die Sterne.
- Kennst du den Unterschied zwischen Planeten und Sternen?
- Unsere Sonne ist ein Stern. Wieso ist sie für uns von so großer Bedeutung?
- Welche Planeten kreisen um die Sonne?
- Warum ist der Abstand der Erde von der Sonne für uns ideal? Erkundige dich und berichte darüber.

Josh gibt Jan das Messer.
- Wie zeigst du deinem Freund oder deiner Freundin, dass du ihn oder sie gern magst?
- Wie sehen deine Freundschaftsgeschenke aus?

Jan erzählt seiner Mutter zögerlich von dem Übergriff, ohne Aki und Phil beim Namen zu nennen.
- Warum redet Jan erst jetzt?
- Hilft es ihm, über das Erlebte zu sprechen und sich auszuweinen?

- Wieso sagt Jan nicht, wer ihn angegriffen hat?
- Wie reagiert seine Familie?

Josh kommt wieder zur Schule.

- Warum ist das Schwänzen gerade für Josh nicht gut?
- Welche Gründe könnte es geben, dem Unterricht fernzubleiben?
- Es gibt Kinder, die gar keine Schule besuchen können. Dabei würden sie es gern tun. Erkundige dich und berichte darüber.
- Welche Nachteile hat man, wenn man nicht oder nicht gut lesen und schreiben kann?

Hinweise zu den Kopiervorlagen

Katzen

Zunächst lesen die Kinder einen Sachtext über Katzen. Um sich auf den Inhalt zu fokussieren, sollen die Schüler während des Lesens wichtige Informationen unterstreichen. Anschließend beschriften sie den Körper der Katze und stellen ihr Textverständnis unter Beweis.

Lösung Seite 27

Fast überall in den von Menschen besiedelten Gegenden der Welt leben Katzen. Es gibt Wild- und Hauskatzen. Hauskatzen sind etwa fünfzig Zentimeter lang und ungefähr vier Kilogramm schwer. Ihr Fell ist weich und kann viele Farben und Muster haben. Man unterscheidet Langhaar- und Kurzhaarkatzen.

An ihren Vorderbeinen hat die Katze fünf Zehen, an den Hinterbeinen vier. Ihre Krallen kann sie einziehen. Sie fährt sie nur aus, wenn sie die Krallen benötigt: zum Fangen und Halten der Beute, zum Klettern, zum Markieren des Reviers oder auch zur Verteidigung.

Die Katze hat ein feines Gehör. Entfernungen kann sie perfekt abschätzen. Wegen ihres guten Gleichgewichtssinns ist sie auch in großen Höhen schwindelfrei. Die Katze ist ein Raubtier und geht im Gegensatz zu anderen Tieren allein auf die Jagd. Sie hat scharfe Zähne. Mit den Reißzähnen können Fleisch und Knochen zerkleinert werden. Katzen sind Fleischfresser. Spezielles Futter enthält außer Fleisch noch andere wichtige Stoffe.

Katzen schlafen mehrmals am Tag. Sie sind aber sofort wach, wenn sie ein unbekanntes Geräusch wahrnehmen. An der Körperhaltung des Tieres kann man erkennen, wie seine Stimmung ist.

(…) Sie bringt in der Regel bis zu sieben Junge zur Welt, ab und zu sogar noch mehr.

Hauskatzen können ein Alter von bis zu zwanzig Jahren erreichen. (…)

Lösung Seite 28

Aufgabe 1:

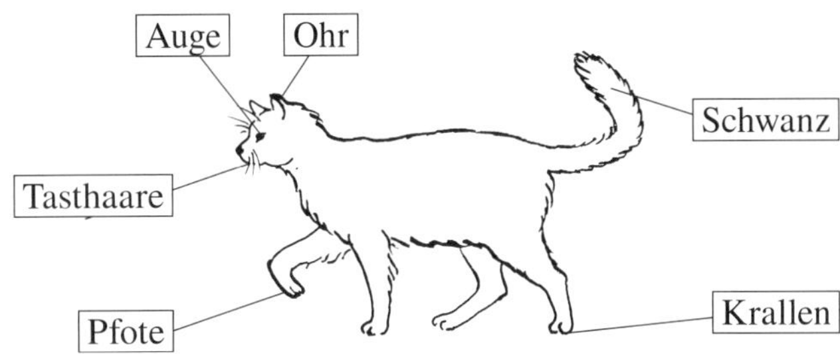

Aufgabe 2:
Lösungswort: STUBENTIGER

Weiterführende Anregung

Lassen Sie die Kinder Referate zur Katze und zu anderen Haustieren halten (z. B. Hund, Kaninchen, Wellensittich, Fisch). Teilen Sie sie dazu in kleine Gruppen von drei bis fünf Schülern ein. Zunächst sammeln sie Bilder und Informationen aus Büchern, Zeitschriften und dem Internet. Auf einem Karton im DIN-A2-Format stellen sie das Wichtigste zusammen. Die Kinder lernen dabei, miteinander auszukommen und die Arbeit sinnvoll aufzuteilen. Entscheidend ist, dass alle etwas beitragen. Das gemeinsam gestaltete Plakat gibt beim Vortrag vor der Klasse Sicherheit.

Wie fühlt sich Josh?

Im 14. Kapitel gerät Josh in der Schule in eine Auseinandersetzung mit einem anderen Jungen. Dieser beschimpft Josh als blöd und fett. Auch wegen des Stotterns zieht er ihn auf. Aki und Phil machen sich ebenfalls regelmäßig über Josh lustig. Auf dem Arbeitsblatt befassen sich die Kinder damit, wie Josh sich dabei fühlt.

„Joshs" gibt es in jeder Klasse. So lohnt es sich, mit den Schülern darüber nachzudenken, wie man Außenseiter stärken kann. Ganz generell gilt: Kinder, ob aus einem zuverlässigen Elternhaus oder nicht, sind verletzlich. Jedem tut eine Bestärkung gut. Wichtig in diesem Zusammenhang ist es, dass Sie auf ein „warmes" Klassenklima achten und offen mit Konflikten umgehen.

Lösung

Aufgabe 1:
z. B. wütend, traurig, hilflos, verletzt, allein

Aufgabe 2:
Josh, ich hab dich gern.
Josh, ich kann dich gut verstehen.

Josh, ich möchte dir gern helfen.
Josh, du bist richtig in Ordnung.

Aufgabe 3:
z. B. stark, beschützt, sicher, mutig, fröhlich

Weiterführende Anregungen

- Um die gegenseitige Anerkennung zu stärken und alle Kinder einzubeziehen, bietet sich die Übung „Mein geheimer Freund" an. Jedem wird per Los ein Mitschüler zugeteilt, zu dem er für einen Tag (oder länger) besonders freundlich ist. Nähere Informationen und Praxistipps finden Sie unter *www.grundschulschnueffler.de*, Stichwort: „Mein geheimer Freund".
- Ärgern, geärgert werden, Streit anfachen – das gehört zum Schulalltag. Man muss dranbleiben und den Schülern immer wieder Hinweise geben, wie es auch anders gehen könnte. Hier einige Beispiele:
  - Im szenischen Spiel konfliktbeladene Situationen des Schulalltags nachspielen lassen.
  - Im Gespräch über die Situationen klären, welche Möglichkeiten man hat, miteinander umzugehen.
  - Auch dem „Streitauslöser" gut zuhören und ihn zu Wort kommen lassen.
  - Klassenregeln aufstellen.
  - Bessere Umgangsformen einüben.

KV Seite 30

Mein Freund / Meine Freundin
Was zählt in einer Freundschaft wirklich? Das Äußere ist es nicht. Es kommt auf die „inneren Werte" an. Kann ich mich auf den Freund oder die Freundin verlassen? Steht er oder sie zu mir, auch wenn es mir mal nicht so gut geht? Mithilfe des Arbeitsblatts reflektieren die Schüler, was ihnen in einer Freundschaft wichtig ist.

Weiterführende Anregung
Machen Sie den Kindern klar, dass es in erster Linie darauf ankommt, selbst ein guter Freund oder eine gute Freundin zu sein. Wünschenswerte Verhaltensweisen in einer Freundschaft kann man einüben. Geben Sie den Kindern Folgendes an die Hand:

- Sage heute einem Mitschüler oder einer Mitschülerin etwas Nettes.
- Zeige dein freundliches Gesicht.
- Lächle, einfach so.
- Es ist besser, sich selbst wie ein guter Freund / eine gute Freundin zu verhalten, als darauf zu warten, dass es der andere tut.
- Überlege, wie du deinen Freund / deine Freundin überraschen kannst (Geschenk unter die Bank legen oder eine Einladung aussprechen).
- Schreibt die für eine Freundschaft wichtigen Verhaltensweisen auf ein Plakat und hängt es in der Klasse auf.

Jan und Lara-Sofie
Hier geht es um die erste Verliebtheit: Lara-Sofie mag Jan. Jan mag Lara-Sofie auch, aber er möchte das im Gegensatz zu Lara-Sofie nicht so offen zeigen. Sprechen Sie nach der Bearbeitung der ersten Aufgabe mit den Kindern über die Gründe: Jan fürchtet Joshs Eifersucht und den Spott der Mitschüler.

Ein Gedicht ist wunderbar geeignet, um „geheime" Gefühle auszudrücken. Auf dem Arbeitsblatt beschäftigen sich die Kinder mit dem Elfchen, das genau elf Wörter umfasst. Manchmal ist es leichter, wenn aus dem Elfchen ein Zwölfchen wird.

Lösung
Aufgabe 1:
Lara-Sofie und Jan sitzen auf dem Kirschbaum und genießen den Ausblick. Für Lara-Sofie ist es „der schönste Ort", weil es ein toller Platz im Grünen ist. Besonders wird er aber vor allem wegen Jan, mit dem sie gern Zeit verbringt.

Aufgabe 3:
z. B. Freundschaft
Schöne Freundschaft
Freundschaft, die wärmt
Jan und Lara-Sofie: Freunde
Gemeinsam

Jans Garten
Jan kennt sich im Garten gut aus. Die Schüler sollen die Pflanzen, die dort wachsen, und weitere im Gitterrätsel finden. Je nach Leistungsstand Ihrer Klasse können Sie die vorgegebenen Begriffe vor dem Kopieren auch abdecken. Weisen Sie die Kinder darauf hin, dass die Wörter waagrecht (einmal auch rückwärts) und senkrecht stehen.

Lösung

Aufgabe 1:

X	Z	I	T	R	O	N	E	N	M	E	L	I	S	S	E
K	N	K	Z	Y	A	X	U	I	R	E	Q	P	Z	S	A
A	L	H	R	W	S	A	L	A	T	K	M	B	U	I	C
P	T	I	X	B	N	M	K	O	A	Q	Q	H	C	Q	Z
F	L	B	J	T	O	M	A	T	E	N	D	M	C	B	X
E	S	I	M	P	H	W	F	D	S	A	K	L	H	O	I
L	Q	S	Y	A	C	V	B	N	M	K	L	P	I	I	F
B	H	K	K	P	E	T	R	Z	T	U	I	U	N	R	D
A	V	U	K	R	L	F	L	I	E	D	E	R	I	O	U
U	T	S	O	I	R	P	E	T	E	R	S	I	L	I	E
M	Q	S	C	K	N	K	I	R	S	C	H	B	A	U	M
Y	X	D	F	A	C	B	H	M	K	I	W	I	V	P	W
R	N	E	R	E	E	B	S	I	N	N	A	H	O	J	U
G	R	I	S	D	U	I	K	L	F	Y	B	M	V	Y	U

Aufgabe 2:

Tomaten, Zucchini, Paprika, Kirschbaum, Hibiskus, Zitronenmelisse

Hilf Josh!

„Du bist, was du isst." Diesen Satz kennt jeder. Und doch: Wie schwer fällt es schon Erwachsenen, sich gesund zu ernähren. Dabei gibt es so detaillierte Informationen über die Wirkungsweise der Lebensmittel auf unseren Körper wie nie zuvor. Josh hat keinen, der auf ihn und seine Ernährung achtet. Wie ihm geht es vielen Kindern. Umso wichtiger ist es, das Essverhalten zum Unterrichtsthema zu machen und es auch konkret einzuüben. Auf dem Arbeitsblatt befassen sich die Schüler mit dem Ernährungskreis. Es gibt verschiedene Modelle. Das hier präsentierte gehört zu den gängigen. In Partnerarbeit stellen die Kinder einen gesunden Speiseplan für Josh zusammen und präsentieren ihn der Klasse.

Lösung

Aufgabe 1:

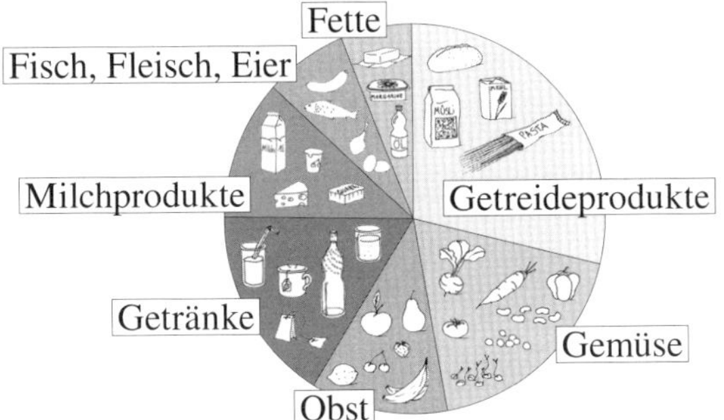

Weiterführende Anregungen

- Machen Sie in regelmäßigen Abständen ein gesundes Klassenfrühstück.
- Stellen Sie ein Kochbuch zusammen, in dem von jedem Kind ein Lieblingsrezept steht. Bedingung: Das Wort „Zucker" kommt nicht vor. Kochen Sie gemeinsam.
- Veranstalten Sie ein Klassenfest und bieten Sie ein Büfett mit gesunden Lebensmitteln an.

Schau genau

Nachdem Jan von Aki, Phil und den anderen Jugendlichen überfallen worden ist, bekommt er im 23. Kapitel zu Hause Trost von der ganzen Familie. Lassen Sie die Kinder zunächst erzählen, wann sie einmal getröstet werden mussten oder wann sie selbst jemanden aufgemuntert haben. Mithilfe des Arbeitsblatts üben sie das genaue Lesen.

Lösung

Jan saß dicht bei Amelie auf <u>dem Sofa</u>. „Los", hatte sie gesagt, „rück ran, damit mir warm wird!"
Jan tat ihr den Gefallen. Er lehnte den Kopf an ihre Schulter und erlaubte ihr, mit der Hand über seinen <u>Arm</u> zu fahren, weil sie behauptete, das sei gut gegen die <u>Nervosität</u>.
Jan war nicht <u>nervös</u>. Im Gegensatz zu Amelie. Aber die hatte <u>heute</u> ja auch eine Verabredung mit ihrem <u>Liebsten</u>. Er hieß Linus. Jan hatte ihn noch nie gesehen und war schon gespannt. Er hielt <u>ganz</u> still. Amelies Hand auf seinem Arm tat ihm <u>gut</u>. Dazu die Musik, die aus dem <u>Fernseher</u> kam, und die Verrenkungen, die die Band machte. Der Gitarrist <u>schmiss</u> seinen Kopf hin und her. Und die Sängerinnen <u>schwangen</u> ihre Hüften im Takt.
Erzählt hatte <u>Jan</u> erst mal nicht viel. Dabei hatte Mama schon <u>in der Tür</u> gestanden, als er <u>die Straße</u> heruntergekommen war. „Wo bist du so lange gewesen? Wir haben uns <u>Sorgen</u> gemacht."

25. bis 34. Kapitel: **Der falsche Verdacht**

Inhalt

Jan macht sich Sorgen, dass Josh sich wegen des Messers in Gefahr bringt. Als er nach der Schule mit Lara-Sofie ein Eis isst, treffen die beiden die „Rattenfrau" und Jans Herz spielt verrückt. Lara-Sofie bringt ihn nach Hause. Doch Jan kommt wegen Josh nicht zur Ruhe und bricht heimlich auf, um seinen Freund zu suchen. Er findet Josh mit Blutflecken auf der Hose. Das Messer trägt er bei sich. Josh sagt, er habe der blutenden „Rattenfrau" das Messer abgenommen. Jan glaubt ihm, dass er die Frau nicht verletzt hat. Er denkt sofort an Aki und Phil, die das Messer zuletzt hatten. Josh sorgt sich darum, zu Unrecht verdächtigt zu werden, weil ein paar Kinder aus der Siedlung ihn gesehen haben. Jan nimmt Josh mit nach Hause. Sie bitten Lara-Sofie herauszufinden, was mit der „Rattenfrau" passiert ist. Das Mädchen berichtet später, die Frau sei mit dem Krankenwagen abgeholt worden und Josh werde verdächtigt. Am Abend erzählt Jan seinen Eltern alles. Jans Vater erfährt, dass Josh verschwunden ist, und macht sich mit anderen auf die Suche. Josh taucht kurz vor Jans Fenster auf und ruht sich im Schuppen aus, ist aber am nächsten Morgen weg. In der Schule sprechen sie über die „Rattenfrau". Jan hofft, dass die Unschuld seines Freundes bewiesen werden kann. Ab jetzt muss er sich auf seine Operation konzentrieren.

Gesprächs- und Schreibanlässe

Jan hat Angst vor der „Rattenfrau".
- Gibt es jemanden oder etwas, wovor du Angst hast? Erzähle.
- Angst ist manchmal wichtig. Was würde passieren, wenn wir uns nie fürchteten?

Der Junge vergisst seine Angst, die sich durch die Enge in seiner Brust zeigt (S. 95).
- Weshalb vergisst Jan seine Angst?
- Hast du schon einmal deine eigene Angst vergessen? Erzähle davon.

Jan glaubt Josh.
- Warum ist es wichtig, dass man Menschen um sich hat, die einem in einer solchen Situation glauben?
- Bist du schon einmal falsch verdächtigt worden? Wenn ja, wie hat sich das angefühlt?
- Was kannst du tun, wenn ein falscher Verdacht auf dich fällt?

Seinen Eltern sagt Jan endlich die ganze Wahrheit.
- Jan hat seinen Eltern schon viel, aber noch nicht alles erzählt. Warum?
- Manchmal erzählt man etwas, lässt aber bestimmte Dinge aus. Was gibt man nicht so gern preis?

In der Schule spricht Jans Deutschlehrer über die „Rattenfrau" und Josh. Er sagt: „Solange die Schuld nicht bewiesen ist, darf niemand verurteilt werden. Das steht sogar in unserem Gesetz." (S. 116)
- Finde heraus, in welchem Gesetz das festgeschrieben ist.
- Im Grundgesetz steht auch: „Die Würde des Menschen ist unantastbar." Was bedeutet das zum Beispiel in Bezug auf Karla Brot? Sprecht darüber.

Jan vertraut darauf, dass die Wahrheit ans Licht kommt.
- Jan hat im Vertrauen viel Übung. Warum ist das so? Weshalb ist es bei Josh anders?
- Jeder kann sich im Vertrauen üben. Wie geht das?
- Wie verhalten sich Menschen, die kein Vertrauen in sich selbst und andere haben?

Dem Jungen steht die nächste Operation bevor.
- Jan ist sehr verständnisvoll und geduldig. Hat das vielleicht auch etwas mit seiner Krankheit zu tun?
- Wieso denkt Jan trotz seiner schweren Operation immer wieder an Josh?
- Wie schafft er es, positiv zu denken?

Hinweise zu den Kopiervorlagen

Josh haut ab
Auf diesem Arbeitsblatt vollziehen die Schüler den Ablauf des Tages nach, an dem die „Rattenfrau" angegriffen wird und Josh unter Verdacht gerät. Sie versetzen sich in Josh hinein und geben ihm Tipps, wie er anders handeln könnte.

Lösung
Aufgabe 1:
Jan findet Josh kurz hinter dem Staubecken. Josh hat dunkle Blutflecken auf seiner Hose. Er ist aufgeregt und berichtet, dass er der blutenden Rattenfrau das Messer abgenommen hat.

Aufgabe 2:
z. B.

Ich war das nicht! Aber alle denken, dass ich es war. Ich kann jetzt nicht nach Hause – da ist sowieso niemand und sie finden mich sofort. Ich muss verschwinden!

Aufgabe 3:
z. B. Bleib bei Jan und vertraut euch seiner Mutter an. Ruf deine Oma an! Sie wird dir sicher helfen.

Verrat mich nicht

Hier finden die Schüler eine Zusammenfassung des 31. Kapitels. Indem sie die Wörter in die Lücken einsetzen, beweisen sie ihre Textkenntnis. Zur Differenzierung können Sie die vorgegebenen Begriffe vor dem Kopieren abdecken.

Lösung

Als Papa am Abend nach Hause kam, erzählte er von dem Angriff auf die Rattenfrau. „Dein Freund Josh steckt in der Klemme“, sagte er.
Jan erzählte seinen Eltern alles, auch von Joshs Mutter und der geheimen Mission.
Mama schien für einen Moment selbst Jan, sein Herz und die bevorstehende Operation zu vergessen. „Ist ja schon gut“, murmelte sie und natürlich kamen Amelie und Paulina gleich an.
Jan schlich im Dunkeln zum Fenster und spähte hinaus. Es war Josh, der vorsichtig hinter dem Schuppen hervorkam. Jan suchte nach einer Decke, öffnete das Fenster und warf sie in den Garten. Josh schlich zum Schuppen.
Jan schloss hastig sein Fenster und kroch zurück ins Bett. Er dachte daran, dass Josh Hunger haben musste. Dann schlief er ein.

Reden oder schweigen?

Es gibt Dinge, die Kinder ihren Eltern, Lehrern und anderen Erwachsenen nicht sagen müssen. Es gibt aber auch Dinge, die sie unbedingt sagen sollten. Jan hat zu lange gewartet, ehe er mit seinen Eltern über Aki und Phil und deren Übergriffe auf ihn und Josh geredet hat. Denn im konkreten Fall war es für Jan und Josh nicht möglich, sich selbst angemessen und erfolgreich zur Wehr zu setzen. Ermutigen Sie die Kinder zur Offenheit den Eltern, aber auch den Lehrern gegenüber. Denn Offenheit kann schützen.

Weiterführende Anregung

Sammeln Sie gemeinsam mit den Schülern Ideen, die zu mehr Offenheit in der Klasse beitragen, z. B.:

- Einander zuhören.
- In einem regelmäßig stattfindenden Gesprächskreis alle zu Wort kommen lassen, die ein Anliegen haben.
- Einen Kummerkasten aufstellen, der die Sorgen der Kinder „aufnehmen“ kann.

Lichtblicke für Karla Brot

Mit ganz einfachen Mitteln kann man das Leben eines Menschen, der auf der Straße lebt, verschönern. Das soll den Kindern mithilfe dieses Arbeitsblatts bewusst werden: Sie schaffen mehr Helligkeit für die „Rattenfrau“. Im Buch wird nicht klar gesagt, ob Karla Brot auf der Straße lebt. Ihr psychischer und ihr äußerlicher Zustand lassen aber darauf schließen. Sicher ist, dass sie am Rande der Gesellschaft steht.

Die nächste Begegnung mit einem Obdachlosen fällt vielleicht anders aus, mit einem veränderten Blick auf das Gegenüber: nicht verurteilend, nicht überheblich, mit etwas mehr Verständnis. Jeder Einzelne hat ein Schicksal, durch das er in diese Situation geraten ist. Eine Hilfe für Menschen in derartigen Notlagen kann es schon sein, dass man sie als Teil der Gesellschaft wahrnimmt und sie nicht mit unbedachten Äußerungen noch weiter ausgrenzt. Es geht darum, sie zu beachten und Mitgefühl zu zeigen.

Lösung

Aufgabe 1:

z. B. winken, Hallo sagen, freundlich sein, etwas zu essen geben

Obdachlose verstehen

Falls Sie das Thema „Obdachlosigkeit“ vertiefen möchten, steht Ihnen auf dieser Kopiervorlage ein Sachtext zur Verfügung. Die Auseinandersetzung mit solchen Schattenseiten unserer Gesellschaft ist nicht ganz leicht. Weil sie sich aber nicht verleugnen lassen, ist es wichtig, darüber zu sprechen. Indem sich die Kinder mit den Gründen für derartige Notlagen befassen, entwickeln sie Verständnis.

Lösung

Aufgabe 1:

Wie der „Rattenfrau“ geht es auch anderen Menschen: Ein tragischer Unfall oder ein schlimmes Erlebnis werfen sie aus der Bahn. Vielleicht hat sie ihr Partner verlassen und sie sind verzweifelt. Vielleicht haben sie ihre Arbeit verloren (...). Es kann sein, dass sie außerdem ihre Miete nicht mehr bezahlen können. (...) Manche kennen auch einfach nicht die Schritte, die man machen muss, um vom Staat die nötige Hilfe zu erhalten. (...)

Aufgabe 2:
z. B.
- Mobbing von vielen Seiten
- Verlust von sozialer Anbindung
- Depression, Krankheit
- Drogen
- eine Straftat, die gebüßt, aber nicht verkraftet wurde

35. bis 42. Kapitel: **Alles wird gut**

Inhalt

Seine Operation übersteht Jan gut. Auch der „Rattenfrau", die eigentlich Karla Brot heißt, geht es besser. Als Jan zu Hause ist, wird gefeiert. Josh besucht ihn. Er erzählt, dass er wegen Jan und auch wegen seiner Mutter aus dem Wald gekommen ist. Jan darf bald zurück in die Schule. Dort sprechen sie darüber, dass man jeden Menschen achten soll. Joshs Mutter wird in Zukunft bei ihrer Erziehungsarbeit unterstützt. Es dauert nicht lange, bis Jan und Josh wieder durch die Gegend streifen. Aki und Phil lassen sie nun in Ruhe.

Gesprächs- und Schreibanlässe

Jan muss wegen seiner bevorstehenden Operation ins Krankenhaus. Seine Mutter begleitet ihn.
- Warum herrscht auf der Hinfahrt eine besondere Stimmung?
- Warst du schon einmal im Krankenhaus? Wer hat dich begleitet? Erzähle.

Jan wird zu Hause ein großer Empfang bereitet.
- Wie verhalten sich seine Schwestern?
- Wann bist du zum letzten Mal der Grund einer Feier gewesen?
- Warum ist es manchmal richtig schön, im Mittelpunkt zu stehen?

Josh besucht Jan.
- Warum freut sich Jan über den Besuch von Josh ganz besonders?
- Über welchen Besuch freust du dich?
- Was tust du, dass sich dein Besuch bei dir wohlfühlt?

Nicht nur Jan ist erleichtert.
- Wer ist am Ende des Buches so richtig erleichtert? Schreibe die Namen und die Gründe auf.
- Warum ist das Leben für Jan und Josh jetzt viel einfacher?
- Wann hast du zum letzten Mal eine riesige Erleichterung gespürt? Erzähle davon.

Josh erzählt Jan, dass er im Wald mit sich selbst gewettet hat: „Wenn ich es schaffe, drei lebendige Regenwürmer zu essen, wird alles gut." (S. 130)
- Wie findest du, was Josh getan hat? Mutig oder eklig?
- Hast du auch schon einmal bei so einer Wette oder „Mutprobe" mitgemacht? Erzähle.

Hinweise zu den Kopiervorlagen

Wieder zu Hause
Die Schüler ergänzen die Lücken im Ausschnitt aus dem 39. Kapitel, indem sie genau lesen.

Lösung
Aufgaben 1 und 2:
Lösungssatz: ALLES IST GUT.

Mit einem Stein eine Freude machen
Steine haben eine starke Symbolkraft. Sie stehen für Beständigkeit: In Zeiträumen, die Menschen sehr verändern, sind sie kaum einem Wandel unterworfen und existieren auch nach Ewigkeiten noch. Mithilfe der Anleitung auf dem Arbeitsblatt bemalen die Kinder einen Stein und machen damit einem Mitschüler eine Freude. Der Schenkende bekommt etwas zurück: einen bestärkenden Satz. Die Steine können entweder von zu Hause mitgebracht werden oder Sie sammeln gemeinsam auf dem Schulhof oder in der Nähe.

Weiterführende Anregungen
- Ein Stein kann ein Handschmeichler sein. Geben Sie den Kindern den Tipp, einen kleinen Stein in der Hosentasche aufzubewahren. Beim Erfühlen denkt man einen bestärkenden Satz, z. B.:
  - Ich bin wertvoll.
  - Mir geht es gut.

- Meine Aufgaben schaffe ich leicht.
- Ich bin voller Kraft.
- Ich bin mutig.

- Führen Sie in der Klasse einen Erzählstein ein. Im Sitzkreis wandert der Stein von Hand zu Hand. Nur derjenige, in dessen Hand der Stein liegt, darf erzählen.
- Meditieren Sie zusammen mit den Schülern. Eine Meditation ist wie eine kleine Erholungspause im oftmals hektischen Alltag. Bereiten Sie die Kinder zunächst vor:
  - Nimm deinen Stein in die Hand.
  - Setze dich bequem hin. Schließe die Augen.
  - Höre einfach zu und führe die Anweisungen aus.

  Im Anschluss können Sie folgenden Text langsam und leise vorlesen: „Ein Stein liegt in meiner Hand. Diesen Stein gibt es nur einmal. Er ist einmalig. Ich streiche über den Stein, fühle seine Oberfläche. Jetzt umschließe ich ihn mit einer Hand und drücke leicht zu, um den Stein besser zu spüren. Vorsichtig streiche ich mit dem Stein über meine Wangen, erst über die rechte, dann über die linke. Nun lege ich meine Hände wieder in meinen Schoß. Ich öffne meine Augen und schaue den Stein an. Wie alt mag er sein? Wie lange wird er noch existieren? Was mag er schon alles gesehen haben? Was wird er noch erleben? Was würde mir der Stein erzählen, wenn er es könnte? Ein letztes Mal streiche ich über den Stein und lege ihn dann zur Seite."

KV Seite 42

Ein Puzzle basteln

Die Idee, die hinter einem Puzzle steckt, ist das Zusammensetzen einzelner Teile zu einem vollständigen Bild. Jedes Teil ist wichtig. Bei Jan und Josh musste einiges geschehen, bis alles zu einem schönen Ganzen geworden ist: Jan hat sich seinen Eltern anvertraut und erfolgreich eine weitere OP hinter sich gebracht. Aki und Phil unterlassen ihre Übergriffe. Mit der „Rattenfrau" können Jan und Josh anders umgehen. Joshs Mutter erkennt, was wirklich wichtig ist. Die Schüler kleben das Bild auf einen dünnen Karton und schneiden die Teile an den vorgezeichneten Linien aus. Nun kann das Puzzle zusammengesetzt werden.

Du bist mein bester Freund (Lied)

Das Lied drückt aus, was sich Jan und Josh tief im Innern wünschen. Jans Wünsche beziehen sich auf seine Gesundheit. Er möchte so gesund sein wie Josh. Joshs Wünsche beziehen sich auf seine Umwelt. Er möchte dazugehören, so wie Jan.

Die ersten vier Strophen sind aus Jans Perspektive, die folgenden vier Strophen aus Joshs Perspektive verfasst. Die jeweils letzte Strophe (vier und acht) hebt hervor, dass beide Jungen trotz allem froh sind, denn sie sind Freunde.

Der Dreivierteltakt hat etwas Beruhigendes, Verbindendes. In der Melodie liegt ein wenig „Nachdenklichkeit" (Molltonart). Das passt zu der Stimmungslage der Jungen. Die Melodie ist einfach gehalten und kann von etwas geübten Sopranblockflötenspielern schnell nachgespielt werden. Ein Glockenspiel, aber auch ein Xylofon kann gut eingesetzt werden.

Sehr schön ist folgende Umsetzung in der Klasse: In der Kreisaufstellung wiegen sich alle von einer Seite auf die andere. Durch Klatschen wird die erste Note des Taktes betont. Besonders stimmungsvoll ist es so: Alle summen die Melodie, nur ein Kind (oder ein Paar) in der Mitte singt. Dazu passt eine einfache Gitarrenbegleitung.

Nach der Lektüre

Der letzte Abschnitt dient einem positiven Ausklang der Lektürearbeit. Die Schüler schreiben einen Brief an die Autorin. Ein einprägsames Erlebnis für die ganze Klasse ist es, gemeinsam ein Theaterstück einzustudieren. Im Stück gelingt den Figuren, wozu es im Buch nicht kommt: Jan, Josh, Aki und Phil bauen zusammen ein Baumhaus. Zusätzlich oder alternativ kann dieses Baumhaus mithilfe der Kopiervorlage auch gebastelt werden.

Hinweise zu den Kopiervorlagen

Sigrid Zeevaert schreiben

Mit diesem Arbeitsblatt wird geübt, wie man einen Brief verfasst. Beim Schreiben sollen die Kinder den Inhalt des Buches noch einmal Revue passieren lassen. Vorab beantworten sie folgende Fragen:

- Welche Stelle im Buch hat dir am besten gefallen? Fasse sie kurz zusammen.
- Welche Figuren des Buches sind dir besonders sympathisch und warum?
- Welche Figuren magst du gar nicht und warum?
- Was würdest du tun, wenn Jan vor dir stehen würde?
- Was würdest du machen, wenn Aki und Phil vor dir stehen würden?
- Wie würdest du auf die „Rattenfrau" reagieren? Was würdest du ihr sagen? Hättest du Angst vor ihr, nachdem du jetzt weißt, warum sie so ist, wie sie ist?

Geben Sie den Schülern Tipps, wie sie den Brief beginnen können: Zunächst stellen sie sich vor (Name, Alter, Klasse, Wohnort) und erzählen etwas über sich (z. B. Familie und Freunde, Hobbys, Zukunftspläne, Wünsche). Dann notieren sie, was ihnen an der Lektüre besonders gut oder weniger gut gefallen hat (z. B. Figuren, Handlungsverlauf, Schluss). Dabei helfen die Antworten auf die oben stehenden Fragen.

Schicken Sie die Briefe an folgende Adresse: Hase und Igel Verlag GmbH, z. Hd. Sigrid Zeevaert, Infanteriestr. 19/Geb. 4b, 80797 München. Der Verlag leitet die Post gern weiter.

KV Seite 45–47

Gemeinsam sind wir stark (Theaterstück)

Ein Theaterstück aufzuführen fördert das Gemeinschaftsgefühl. Im Stück wird die Geschichte von Jan und Josh weitergesponnen. Während im Buch jedes Baumhaus zerstört wurde (S. 16/17), bauen nun alle vier Jungen zusammen ein Baumhaus. Aki zeigt sich zu Anfang uneinsichtig, aber das legt sich. Jan und Josh lassen sich auf die neue Situation ein.

Das Theaterstück ist mit relativ wenig Aufwand umsetzbar. Kostüme und Ausstattung können einfach gehalten werden. Verteilen Sie die vier Hauptrollen: Jan, Josh, Aki und Phil. Auch Phils Mutter tritt im Stück auf. Achten Sie vor allem auf die klare Aussprache und die Körpersprache der Schauspieler.

Weitere Schüler nehmen sich jeweils zwei bis drei Kapitel aus dem Buch vor und fassen den Inhalt in wenigen Sätzen zusammen. So kann vor der Aufführung des eigentlichen Stückes die Vorgeschichte erzählt werden. Wer jetzt noch frei ist, kann einen Baum (mit entsprechender Verkleidung) darstellen. Schön ist es, die Eltern, Großeltern und Geschwister zur Aufführung einzuladen.

KV Seite 48

Ein Baumhaus bauen

Das kleine Baumhaus aus Holz ist für Kinder in der Gruppe gut zu schaffen. Die Stäbchen gibt es in jedem Bastelladen, ebenso lufttrocknende Modelliermasse. Über das Internet kann man natürlich auch bestellen (z. B. *www.idee-shop.com*). Die Hölzer können Sie mit einer Gartenschere halbieren. Beim Zusammenbau der Seiten ist vielleicht etwas Hilfe notwendig. Verwenden Sie dazu Holzkleber. Anstelle der Modelliermasse ist es auch möglich, mit Gips zu arbeiten. Zum Bemalen eignet sich Acryl- oder Plakatfarbe.

Wer möchte, kann Figuren aus Tonpapier schneiden und diese mit einem „Ständer" aus einem gefalteten Papierstreifen versehen. So bekommen sie Standfestigkeit.

Name:

lesen schreiben sprechen **malen / basteln** singen vorspielen

Ein Lesetagebuch gestalten

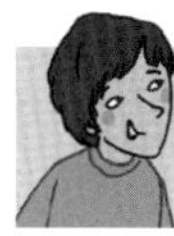

Bastle ein Lesetagebuch, das dich während der Lektüre begleitet.

Du brauchst:

- einen Bogen helles Papier (DIN A4)
- ein Heft ohne Linien (DIN A5)
- Kleber
- ein Stück weißes Papier (ca. 7 x 5 cm)
- Buntstifte

So geht's:

1. Lege die kurzen Seiten des Papierbogens aufeinander und falte das Blatt in der Mitte.
2. Platziere das Heft mit dem Rücken an der gefalteten Stelle im Papierbogen.
3. Trage vorn auf den Heftumschlag Kleber auf und drücke das Papier auf das Heft. Genauso verfährst du mit der Rückseite.
4. Schreibe auf das weiße Stück Papier deinen Namen und klebe es auf die Vorderseite des Heftes.
5. Bemale den Umschlag deines Lesetagebuchs.

Tipps für dein Lesetagebuch:

- Notiere gute Gedanken und Fragen zu der Lektüre.
- Wenn dir ein Satz im Buch besonders gefällt, schreibe ihn ab.
- Du kannst auch etwas malen oder einkleben.
- Wenn du in der Natur etwas Tolles entdeckst, schreibe es auf.
- Du kannst jederzeit in dein Tagebuch schreiben, wie du dich (beim Lesen) fühlst.

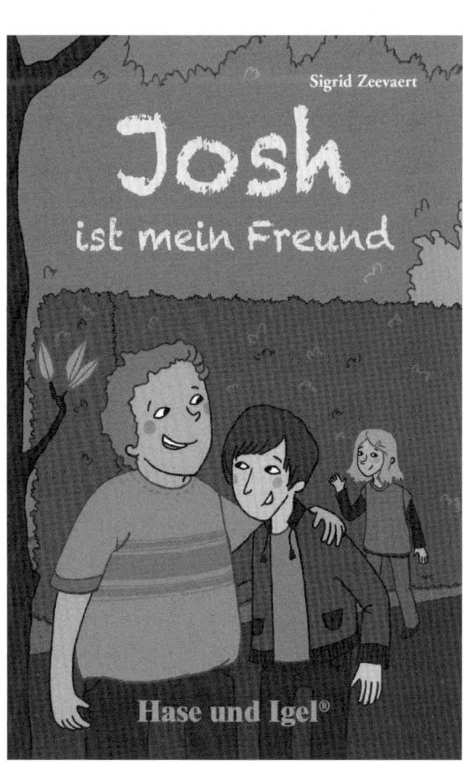

Name:

lesen **schreiben** sprechen malen/basteln singen vorspielen

Sigrid Zeevaert kennenlernen

Lies den Text und unterstreiche wichtige Informationen über die Autorin Sigrid Zeevaert.

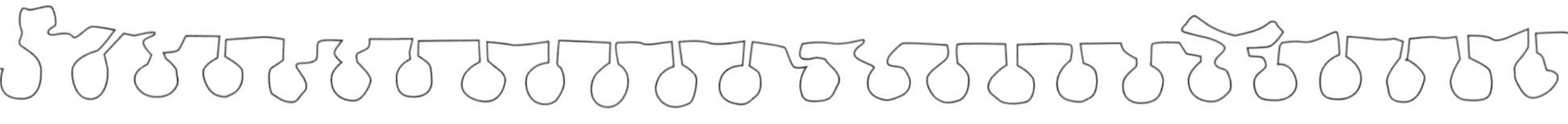

Sigrid Zeevaert wurde 1960 in Aachen geboren. Sie wuchs zusammen mit vier Geschwistern auf. Als Grundschulkind besuchte sie eine Montessori-Schule. Schon zu dieser Zeit merkte sie, wie viel Spaß sie am Schreiben hatte.

Nach dem Abitur studierte sie mit dem Ziel, Grundschullehrerin zu werden. Als Abschlussarbeit schrieb sie das Buch „Max, mein Bruder". Dafür erhielt sie mehrere Auszeichnungen. Bestimmt hat Sigrid Zeevaert das ermutigt, weitere Bücher für Kinder zu schreiben. Sie entschied sich gegen den Lehrerberuf, um sich ganz darauf konzentrieren zu können. Das war sicher eine gute Entscheidung: Viele der folgenden Bücher wurden ausgezeichnet und einige sogar in andere Sprachen übersetzt. Das ZDF verfilmte eine ihrer Erzählungen. Das Drehbuch schrieb Sigrid Zeevaert selbst.

Aber nicht nur Bücher, sondern auch Kurzgeschichten hat die Autorin verfasst. Sogar Kindertheaterstücke gehören zu ihrem Werk. Vier sind mit viel Erfolg auf der Bühne gespielt worden.

Schreibe mindestens drei Informationen auf, die du besonders interessant findest.

Bücher lesen

Text und Melodie:
Marie-Theres Seiler

2. In bin auf Borneo, dann muss ich mal aufs Klo,
doch ganz schnell bin ich wieder fort.
Oh nein, ich fass es kaum, es ist ja wie im Traum.
Ich bin dabei, mal hier, mal dort.

3. Was kann denn schöner sein, was kann denn mehr mich freu'n
als lesen. Das ist richtig gut.
Ich lerne viel dazu und finde meine Ruh.
Schenk mir ein Buch, das ist der Clou.

Name:

lesen **schreiben** sprechen malen/basteln singen vorspielen

Jans Welt

Bereits im 1. Kapitel erfährst du einiges über Jan.

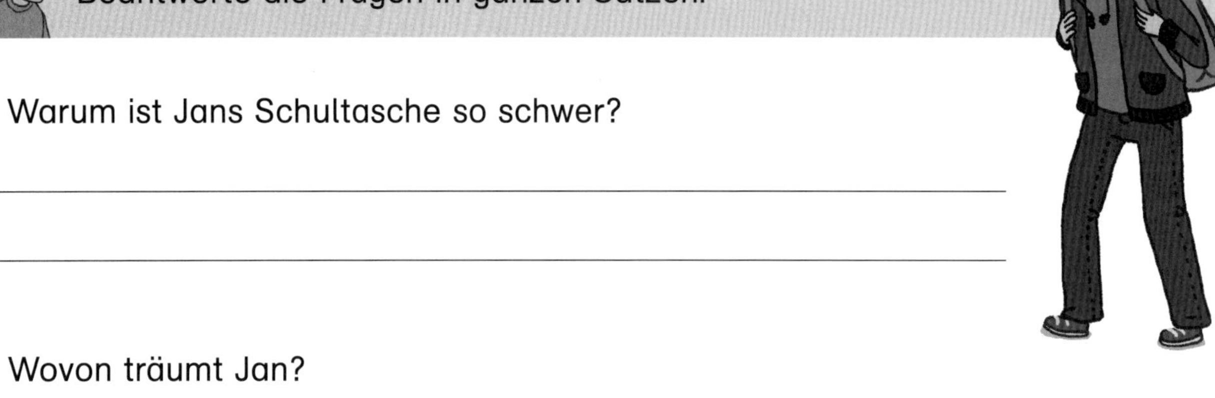

Beantworte die Fragen in ganzen Sätzen.

1. Warum ist Jans Schultasche so schwer?

___

___

2. Wovon träumt Jan?

___

3. Jan interessiert sich für die Natur und notiert Besonderes in einem Heft. Was steht auf dem Umschlag?

___

4. Wie heißen Jans Schwestern?

___

5. Wie heißen die Jungen, die sich Jan in den Weg stellen?

___

6. Was macht die Angst mit Jans Herz und seinem Mund?

___

7. Einer der Jungen schubst Jan. Was passiert dann?

___

___

___

Name:

lesen **schreiben** sprechen malen/basteln singen vorspielen

Holzköpfe!

Als Jan und Josh im 4. Kapitel am Bach spielen, tauchen Aki und Phil auf.

Welche Aussagen treffen auf die beiden Jugendlichen zu? Kreuze an.

- ☐ Aki und Phil sind mit Jan und Josh befreundet.
- ☐ Die Jugendlichen bedrohen regelmäßig Schwächere.
- ☐ Sie ziehen Josh auf, weil er stottert.
- ☐ Die beiden schubsen Jan in den eiskalten Bach.
- ☐ Sie verschwinden, nachdem sie Jans Fahrrad in einen Baum gehängt haben.

Stell dir vor, du beobachtest die Situation am Bach. Wie reagierst du?

Schreibe in die Sprechblase, was du zu Aki und Phil sagen könntest.
Oder notiere in der Gedankenblase, wie du handeln würdest.

Name:

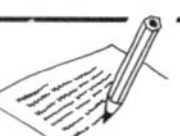

Das Herz (1)

Lies den Text.

Das Herz mit seiner linken und rechten Herzkammer ist etwas größer als eine Faust. Es sorgt dafür, dass Blut durch unseren Körper fließt. Das ist ein beständiger Kreislauf. Eine Pause darf das Herz niemals einlegen. Immer, wenn unser Herz schlägt, zieht es sich zusammen und presst frisches Blut in die Arterien. So werden alle Körperteile und Organe mit Sauerstoff aus unserer Atemluft und auch mit Nährstoffen versorgt.

Wenn du zwei Finger der einen Hand auf die Innenseite deines Handgelenks der anderen Hand drückst, kannst du das Pochen spüren. Wie oft dein Herz in der Minute schlägt, hängt davon ab, ob du liegst, sitzt, gehst oder rennst. Auch macht es einen Unterschied, ob du dich gerade anstrengst, sehr aufregst oder riesig freust: Das alles lässt das Herz schneller schlagen. Im Ruhezustand liegt der Herzschlag eines erwachsenen Menschen bei etwa siebzig Mal pro Minute und der eines Kindes bei etwa hundert Mal. Das Herz eines Babys schlägt in dieser Zeit sogar 130 Mal.

Im Körper eines erwachsenen Menschen fließen fünf bis sechs Liter Blut. Bei Grundschulkindern sind es zwei bis drei Liter. Und jetzt kommt das Erstaunliche: Das Herz schafft es, in etwa einer Minute das gesamte Blut durch den ganzen Körper zu pumpen. Die Blutgefäße, die vom Herzen wegführen, nennt man Arterien. Die Blutgefäße, die zum Herzen hinführen, nennt man Venen.

Kaum zu glauben: Alle Blutgefäße des Menschen wären aneinandergereiht über 100 000 Kilometer lang. Der Umfang der Erde beträgt 40 000 Kilometer.

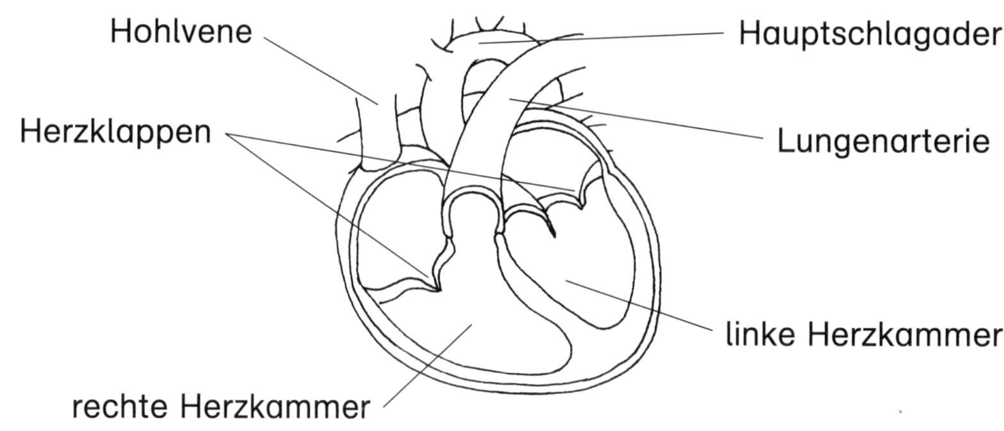

Das Herz (2)

Suche dir einen Partner. Stellt euch abwechselnd die Fragen zum Text und beantwortet sie zunächst mündlich.

Notiere die Antworten nun schriftlich in ganzen Sätzen.

1. Wie groß ist das menschliche Herz?

____

2. Wofür sorgt das Herz?

____

____

3. Was passiert, wenn das Herz schlägt?

____

____

4. Wie oft schlägt dein Herz etwa in der Minute?

____

5. Wie viel Liter Blut fließen in deinem Körper?

____

6. Wie nennt man die Blutgefäße, die vom Herzen wegführen?

____

7. Wie nennt man die Blutgefäße, die zum Herzen hinführen?

____

8. Wie lang wären alle Blutgefäße eines Menschen in einer Reihe?

____

____

Name:

lesen | schreiben | sprechen | malen/basteln | singen | vorspielen

Das Herz in der Sprache

Es gibt viele Ausdrücke, in denen das Wort „Herz“ vorkommt. Verbinde sie mit der passenden Bedeutung.

herzlich sein •	• einen Rat oder einen Hinweis sehr ernst nehmen
beherzt sein •	• (eine Speise) von würzigem Geschmack
eine Herzensangelegenheit •	• mit seinen Mitmenschen hart und gemein umgehen
ein Herzenswunsch •	• liebevoll und mitfühlend sein
warmherzig sein •	• ein Wunsch, den man so gern erfüllt bekommen würde
etwas beherzigen •	• freundlich und liebevoll auf einen Menschen zugehen
herzhaft •	• etwas, das ein Wohlgefühl auslöst
ohne Herz, herzlos sein •	• eine Sache mutig angehen
herzerwärmend •	• eine ganz wichtige Sache für eine Person

Welche Ausdrücke auf der linken Seite gefallen dir besonders? Male sie rot an.

Hast du einen Herzenswunsch? Schreibe ihn in dein Heft und male einen schönen Rahmen. Du kannst deinen Wunsch auch bildlich darstellen.

Name:

lesen **schreiben** sprechen malen / basteln singen vorspielen

Durch dick und dünn

Jan und Josh sind Freunde, seit sie sich im Kindergarten kennengelernt haben. Die beiden Jungen sind sehr unterschiedlich.

Was passt zu wem? Male an: Jan = grün, Josh = blau, beide = rot.

liest gern | ist gern am Bach | wohnt im Hochhaus | dünn

lebt mit seiner Mutter allein | stottert | sammelt Dinge in der Natur

schnell wütend | hat zwei Schwestern | ist ein Beschützer

hat eine Katze

manchmal langsam

groß | ist herzkrank

klein | dick

schnell und geschickt | wohnt im Grünen

Josh sorgt sich um seinen Freund Jan und beschützt ihn. Finde zwei Beispiele im Buch und schreibe sie auf.

Name:

lesen schreiben **sprechen** malen/basteln **singen** vorspielen

Geht jetzt weg

Refrain:

Geht jetzt weg, geht weg,
's hat kein' Zweck, kein' Zweck.
Seid nicht dumm, seid schlau,
wie es geht, wisst ihr genau!

Jan:

1. Halt, stopp, lasst es sein.
Ihr seid groß, wir sind klein.
Kleiner jedenfalls als ihr,
das sind wir, ja wir!

Josh:

2. Feigheit nennt man solche Sachen,
die nur dumme Typen machen.
Typen, die wie ihr es treiben.
Lasst es bleiben! Lasst es bleiben!

Aki und Phil:

3. Uns ist das doch ganz egal.
Euer Quatschen ist 'ne Qual.
Ja, ihr seid schon ziemlich frech.
Und ihr redet sehr viel Blech.

Jan:

4. Nein, zum Lachen ist das nicht.
Jetzt ist Schluss, jetzt ist Schicht!
Schreibt's euch hinter beide Ohren,
ihr habt hier gar nichts verloren.

Aki und Phil:

5. Ach, das interessiert uns nicht,
wie der Jan auf einmal spricht.
Und der Josh ist rund und dick,
außerdem hat er 'nen Tick.

Josh:

6. Die, die schwächer sind, verlachen,
primitive Witze machen,
dauernd Grenzen überschreiten –
soll'n wir das mal weiterleiten?

Jan:

7. Dann geht es euch an den Kragen.
Und? Was werdet ihr dann sagen?
Tja, da seid ihr plötzlich stumm.
Ziemlich dumm! Ziemlich dumm!

Josh:

8. Sagt mal, warum tut ihr das?
Warum habt ihr daran Spaß?
Quatscht euch endlich richtig aus.
Kommt mal mit der Wahrheit raus.

Name:

lesen schreiben sprechen malen/basteln singen vorspielen

Katzen (1)

Lies den Text und unterstreiche wichtige Informationen.

Fast überall in den von Menschen besiedelten Gegenden der Welt leben Katzen. Es gibt Wild- und Hauskatzen. Hauskatzen sind etwa fünfzig Zentimeter lang und ungefähr vier Kilogramm schwer. Ihr Fell ist weich und kann viele Farben und Muster haben. Man unterscheidet Langhaar- und Kurzhaarkatzen.

An ihren Vorderbeinen hat die Katze fünf Zehen, an den Hinterbeinen vier. Ihre Krallen kann sie einziehen. Sie fährt sie nur aus, wenn sie die Krallen benötigt: zum Fangen und Halten der Beute, zum Klettern, zum Markieren des Reviers oder auch zur Verteidigung.

Die Katze hat ein feines Gehör. Entfernungen kann sie perfekt abschätzen. Wegen ihres guten Gleichgewichtssinns ist sie auch in großen Höhen schwindelfrei. Die Katze ist ein Raubtier und geht im Gegensatz zu anderen Tieren allein auf die Jagd. Sie hat scharfe Zähne. Mit den Reißzähnen können Fleisch und Knochen zerkleinert werden. Katzen sind Fleischfresser. Spezielles Futter enthält außer Fleisch noch andere wichtige Stoffe.

Katzen schlafen mehrmals am Tag. Sie sind aber sofort wach, wenn sie ein unbekanntes Geräusch wahrnehmen. An der Körperhaltung des Tieres kann man erkennen, wie seine Stimmung ist.

Bevor die Hauskatze ihre Jungen zur Welt bringt, sucht sie sich einen Platz, der ihr besonders vertraut ist: Das kann ein halb geöffneter Schrank, ein Bett, vielleicht auch eine Schachtel sein. Sie bringt in der Regel bis zu sieben Junge zur Welt, ab und zu sogar noch mehr.

Hauskatzen können ein Alter von bis zu zwanzig Jahren erreichen. Manche Hauskatzen verwildern. Sie kommen damit zurecht, wenn die Außentemperaturen nicht zu niedrig sind. Allerdings werden die Tiere in der freien Natur nicht so alt.

Name:

lesen **schreiben** sprechen malen/basteln singen vorspielen

Katzen (2)

Trage die Körperteile der Katze ein.

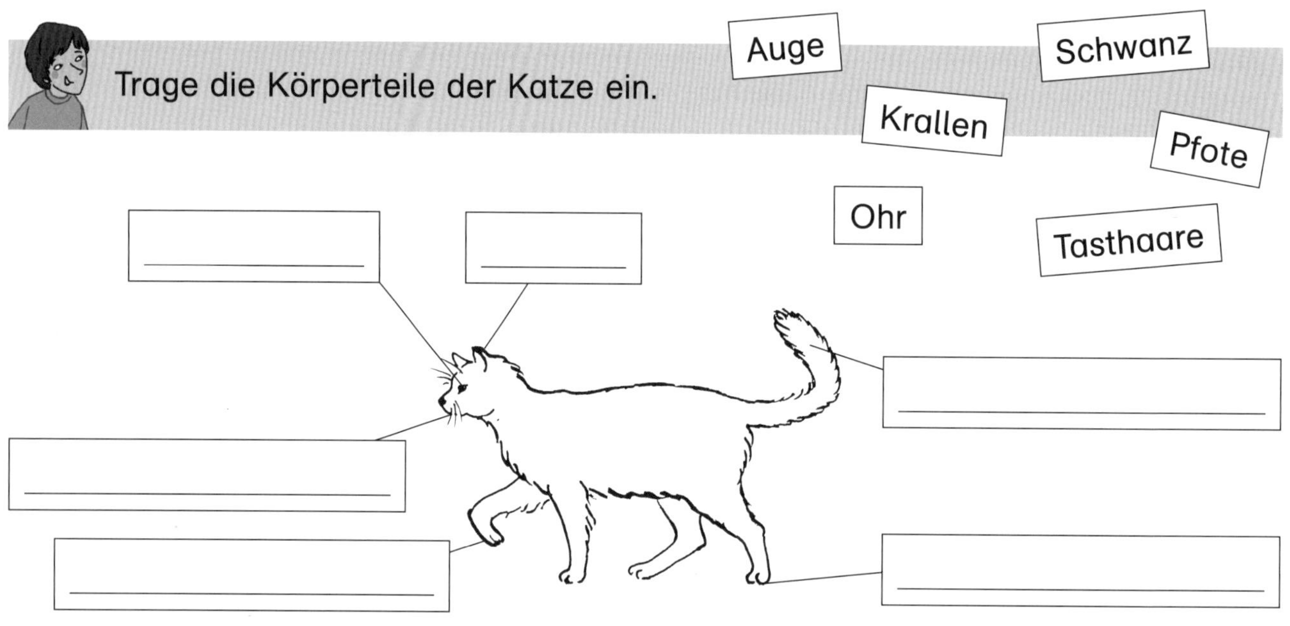

Kreuze an, was stimmt. Von unten nach oben gelesen ergeben die Silben hinter den richtigen Antworten ein Lösungswort. Schreibe es auf.

☐ Katzen sind hauptsächlich in Europa verbreitet. (ENG)

☐ Katzen gibt es auf der ganzen Welt. (GER)

☐ Katzen können bis zu fünfzig Zentimeter lang werden. (TI)

☐ Katzen können bis zu achtzig Zentimeter lang werden. (LA)

☐ Katzen haben an den Vorderbeinen drei Zehen. (TAN)

☐ Katzen haben an den Vorderbeinen fünf Zehen. (BEN)

☐ Katzen fressen gern Gemüse. (VER)

☐ Katzen fressen gern Fleisch. (STU)

Lösungswort: ____________________

Name: ______________________

lesen **schreiben** sprechen **malen/basteln** singen vorspielen

Wie fühlt sich Josh?

Josh gerät im 14. Kapitel in einen Streit mit einem anderen Jungen, der ihn beschimpft. Auch Aki und Phil machen sich regelmäßig über Josh lustig.

Notiere fünf Adjektive, wie Josh sich fühlt, wenn er von anderen Kindern gehänselt wird.

zornig

____

____

____

____

____

Bilde Sätze, mit denen du Josh stärken kannst. Die Wörter helfen dir.

gernhaben	verstehen	helfen	in Ordnung sein

____

____

____

____

Wie fühlt sich Josh, nachdem du ihn bestärkt hast? Schreibe mindestens fünf Adjektive auf.

erleichtert, ______________________________________

____

Man kann sehen, dass Josh sich anders fühlt. Male sein fröhliches Gesicht in dein Heft.

Name:

lesen schreiben sprechen malen/basteln singen vorspielen

Mein Freund / Meine Freundin

Wie soll dein Freund oder deine Freundin sein?

Male die entsprechenden Herzen rot an. Notiere auf den Schreiblinien, was noch wichtig für dich ist.

♡ Man kann ihm / ihr alles sagen.

♡ Er / Sie muss ein schönes Gesicht haben.

♡ Er / Sie sollte immer zu mir halten.

♡ Er / Sie muss mir alles sagen.

♡ Er / Sie sollte toll gekleidet sein.

♡ Ich möchte mit meinem Freund / meiner Freundin lachen können.

♡ Er / Sie sollte sich meine Sorgen anhören und mir einen Rat geben.

♡ Er / Sie sollte nur mit mir spielen.

♡ Er / Sie sollte kein Angeber sein.

♡ Er / Sie sollte immer Zeit für mich haben.

♡ Er / Sie sollte schöne Sachen mit mir machen.

♡ ______________________________

♡ ______________________________

Und du? Wie bist du als guter Freund oder gute Freundin? Unterstreiche die entsprechenden Sätze grün.

Name:

lesen **schreiben** sprechen **malen/basteln** singen vorspielen

Jan und Lara-Sofie

Im 16. und 17. Kapitel ist Lara-Sofie bei Jan zu Besuch. Das Mädchen sagt: „Es ist der schönste Ort, den ich mir vorstellen kann." (S. 60)

Beschreibe den Ort, an dem Lara-Sofie und Jan gerade sitzen. Warum ist er für Lara-Sofie besonders schön?

Lies die kleinen Gedichte. Man nennt sie Elfchen.

Blumen
Viele Farben
In Jans Garten
Blumen, Bäume, Gemüse und
Lara-Sofie

Lara-Sofie
Lara-Sofie lacht
Auf dem Kirschbaum
Lara-Sofie besucht so gern
Jan

Schreibe nun selbst ein Elfchen über Jan und Lara-Sofie auf einen Zettel. Übertrage es dann in deiner schönsten Schrift in dein Heft und verziere es.

Jans Garten

In Jans Garten wachsen viele Pflanzen. Diese und ein paar andere sind im Wortgitter versteckt.

Finde die elf Begriffe und male sie grün an.

X	Z	I	T	R	O	N	E	N	M	E	L	I	S	S	E
K	N	K	Z	Y	A	X	U	I	R	E	Q	P	Z	S	A
A	L	H	R	W	S	A	L	A	T	K	M	B	U	I	C
P	T	I	X	B	N	M	K	O	A	Q	Q	H	C	Q	Z
F	L	B	J	T	O	M	A	T	E	N	D	M	C	B	X
E	S	I	M	P	H	W	F	D	S	A	K	L	H	O	I
L	Q	S	Y	A	C	V	B	N	M	K	L	P	I	I	F
B	H	K	K	P	E	T	R	Z	T	U	I	U	N	R	D
A	V	U	K	R	L	F	L	I	E	D	E	R	I	O	U
U	T	S	O	I	R	P	E	T	E	R	S	I	L	I	E
M	Q	S	C	K	N	K	I	R	S	C	H	B	A	U	M
Y	X	D	F	A	C	B	H	M	K	I	W	I	V	P	W
R	N	E	R	E	E	B	S	I	N	N	A	H	O	J	U
G	R	I	S	D	U	I	K	L	F	Y	B	M	V	Y	U

Kirschbaum

Hibiskus

Petersilie

Zucchini

Zitronenmelisse

Salat

Johannisbeeren

Flieder

Apfelbaum

Paprika

Welche sechs Pflanzen werden im 12. und 17. Kapitel des Buches genannt? Schreibe die Namen auf.

Name:

lesen | **schreiben** | **sprechen** | **malen / basteln** | singen | vorspielen

Hilf Josh!

Josh ist zu dick. Wahrscheinlich ernährt er sich nicht ausgewogen. Der Ernährungskreis zeigt dir, welche Lebensmittel wir essen sollen und wie viel davon.

Trage die Namen der verschiedenen Lebensmittelgruppen ein.

Getreideprodukte

Getränke

Milchprodukte

Obst

Fette

Gemüse

Fisch, Fleisch, Eier

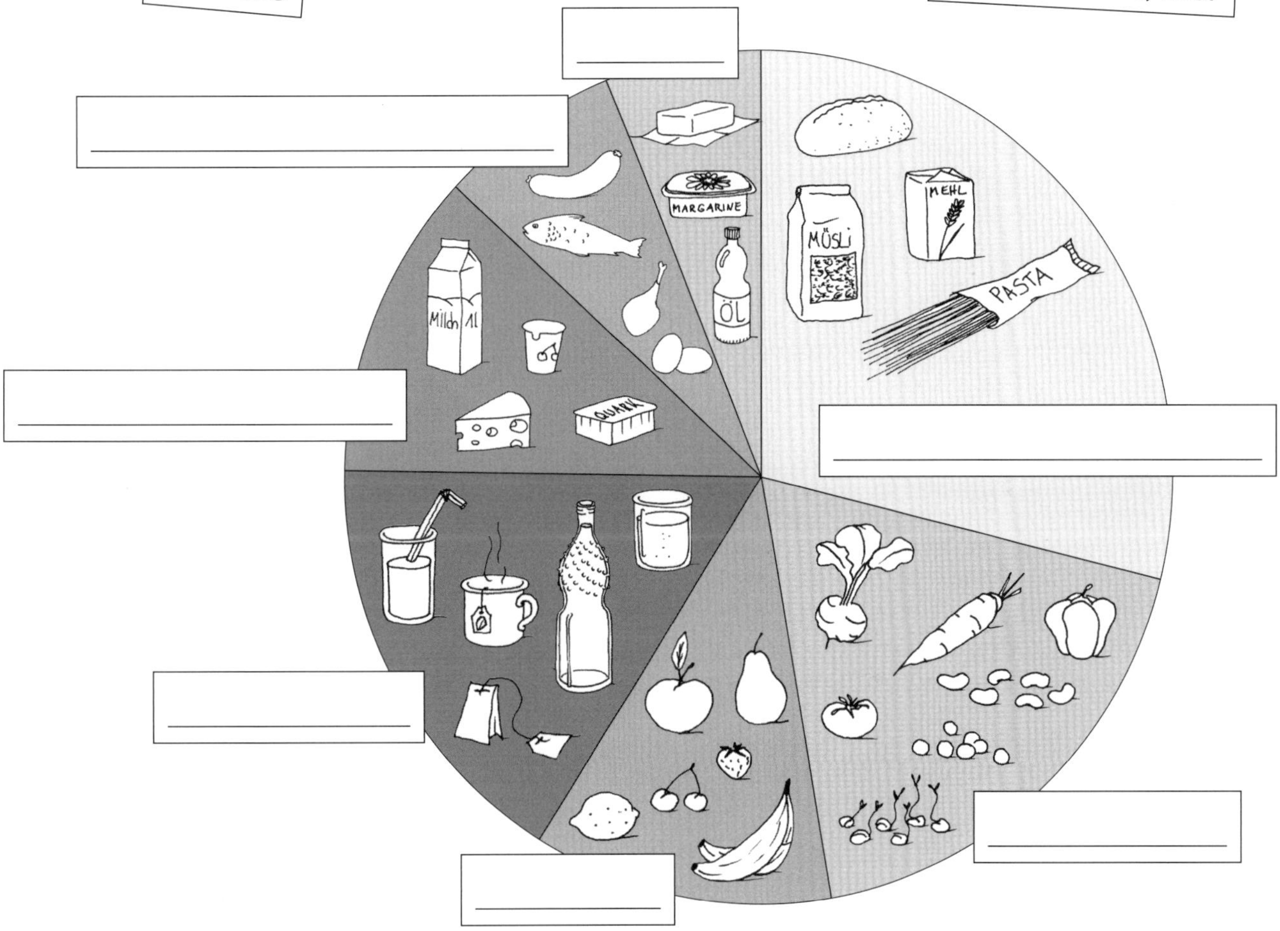

Male die Lebensmittel an.

Überlege dir mit einem Partner einen gesunden Speiseplan für Josh: Frühstück, Pause, Mittagessen, Snack und Abendessen. Stellt ihn der Klasse vor.

Name:

lesen **schreiben** sprechen malen/basteln singen vorspielen

Schau genau

Hier ist einiges anders als im 23. Kapitel. Streiche die Fehler durch und schreibe die richtige Fassung darüber.

Es sind fünfzehn Fehler im Text versteckt.

Jan saß dicht bei Amelie auf der Bank. „Los“, hatte sie gesagt, „rück ran, damit mir warm wird!“

Jan tat ihr den Gefallen. Er lehnte den Kopf an ihre Schulter und erlaubte ihr, mit der Hand über seinen Rücken zu fahren, weil sie behauptete, das sei gut gegen die Kälte.

Jan war nicht aufgeregt. Im Gegensatz zu Amelie. Aber die hatte morgen ja auch eine Verabredung mit ihrem Freund. Er hieß Linus. Jan hatte ihn noch nie gesehen und war schon gespannt. Er hielt nicht still. Amelies Hand auf seinem Arm tat ihm schlecht. Dazu die Musik, die aus dem iPad kam, und die Verrenkungen, die die Band machte. Der Gitarrist drehte seinen Kopf hin und her. Und die Sängerinnen bewegten ihre Hüften im Takt.

Erzählt hatte Josh erst mal nicht viel. Dabei hatte Mama schon im Garten gestanden, als er den Weg heruntergekommen war. „Wo bist du so lange gewesen? Wir haben uns Gedanken gemacht.“

Name:

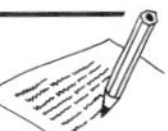

lesen **schreiben** **sprechen** malen / basteln singen vorspielen

Josh haut ab

Nachdem Jan seinem Freund in der Schule erzählt hat, dass Aki und Phil ihm das Messer abgenommen und ihn bedroht haben, denkt Josh an Rache (Seite 87). Am Nachmittag ist Josh verschwunden. Jan macht sich heimlich auf die Suche.

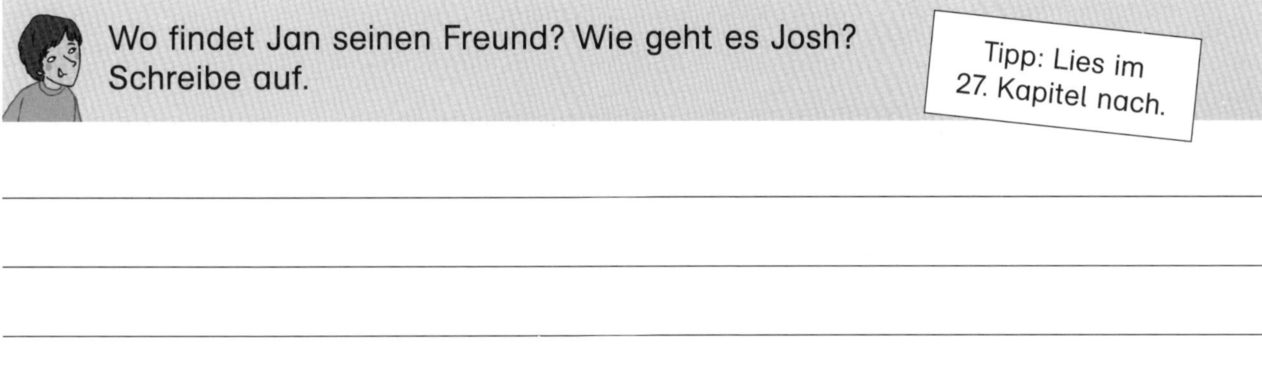

Wo findet Jan seinen Freund? Wie geht es Josh? Schreibe auf.

Tipp: Lies im 27. Kapitel nach.

Jan nimmt Josh mit zu sich. Josh hat Angst, für den Angriff auf die „Rattenfrau" verantwortlich gemacht zu werden. Überstürzt verlässt er das Haus (Seite 106).

Notiere, was ihm durch den Kopf gehen könnte.

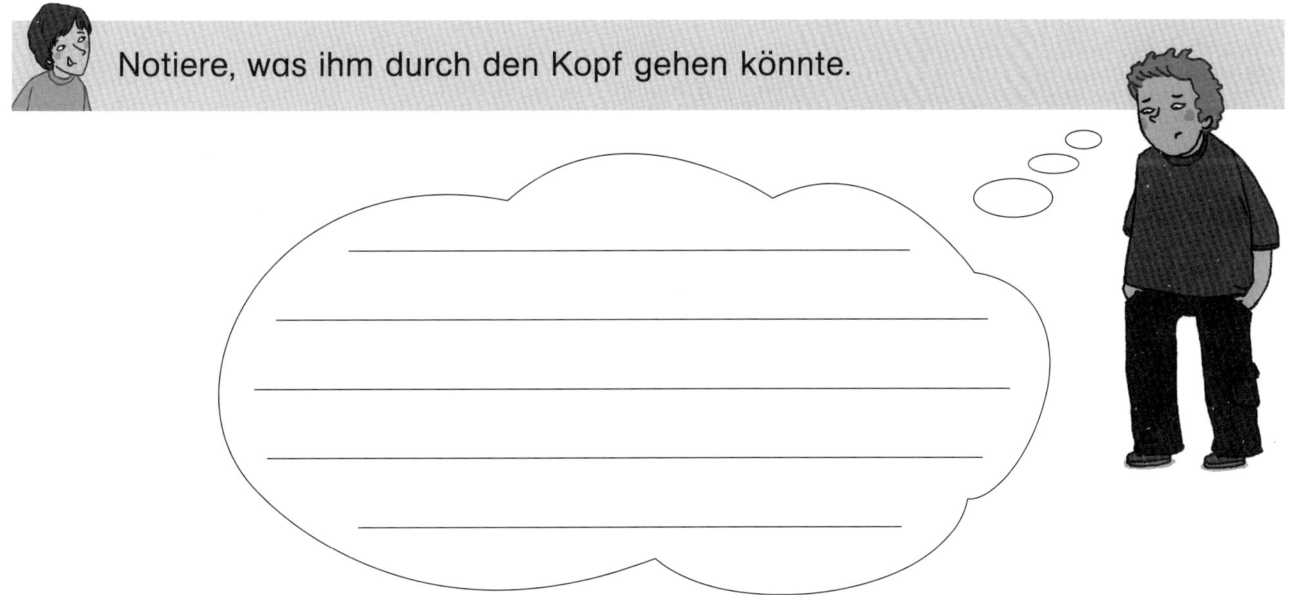

Josh geht nicht nach Hause, sondern verschwindet.

Überlege dir mit einem Partner zwei Tipps, wie er sich in seiner Situation besser verhalten könnte.

Name: ____________________

lesen **schreiben** sprechen malen/basteln singen vorspielen

Verrat mich nicht

Setze die Wörter in die Lücken ein.

Zwei Nomen brauchst du zweimal.

Hunger | Mission | Schuppen | Bett | Josh | Decke | Angriff

Paulina | Herz | Operation | Fenster | Klemme | Rattenfrau | Amelie

Als Papa am Abend nach Hause kam, erzählte er von dem ____________________ auf die ____________________. „Dein Freund Josh steckt in der ____________________“, sagte er.

Jan erzählte seinen Eltern alles, auch von Joshs Mutter und der geheimen ____________________.

Mama schien für einen Moment selbst Jan, sein ____________________ und die bevorstehende ____________________ zu vergessen. „Ist ja schon gut“, murmelte sie und natürlich kamen ____________________ und ____________________ gleich an.

Jan schlich im Dunkeln zum ____________________ und spähte hinaus.

Es war ____________________, der vorsichtig hinter dem ____________________ hervorkam. Jan suchte nach einer ____________________, öffnete das Fenster und warf sie in den Garten. Josh schlich zum ____________________.

Jan schloss hastig sein ____________________ und kroch zurück ins ____________________. Er dachte daran, dass Josh ____________________ haben musste. Dann schlief er ein.

Name:

lesen **schreiben** **sprechen** malen/basteln singen vorspielen

Reden oder schweigen?

Wann sollte man mit einem Erwachsenen sprechen? Kreuze an.

- ☐ Der Lehrer hat einem Schüler wegen nicht gemachter Hausaufgaben eine Strafe gegeben.
- ☐ Ein Kind hat ein anderes ausgelacht.
- ☐ Du wurdest von einem Mitschüler in der Pause richtig fest gegen die Wand gedrückt. Niemand war dabei.
- ☐ Auf dem Schulweg hat dir ein Mitschüler zwei Euro abgenommen.
- ☐ Der Lehrer hat dir gesagt, dass du in Deutsch besser mitarbeiten musst, um eine gute Note zu bekommen.
- ☐ Du wurdest auf dem Weg nach Hause von einem Erwachsenen aufgefordert, mit ihm zu gehen.
- ☐ Ein Mitschüler hat gesagt: Entweder gibst du mir deine Fußballkarten oder ich sage allen, dass du eine Fünf in Mathe bekommen hast.
- ☐ Deine Freundin hat dich aus Versehen von hinten geschubst.
- ☐ Ältere Mitschüler haben dich angerempelt und dich nicht weitergehen lassen.
- ☐ Ein Mitschüler hat dich „Angeber" genannt.

Warum muss man in manchen Situationen unbedingt mit seinen Eltern oder anderen Erwachsenen, denen man vertraut, reden? Sprecht darüber.

Hätte Jan seinen Eltern früher von den Übergriffen und von Joshs Situation zu Hause erzählen müssen? Notiere zwei Gründe für deine Meinung.

Name:

lesen · **schreiben** · sprechen · **malen/basteln** · singen · vorspielen

Lichtblicke für Karla Brot

Die „Rattenfrau“, die eigentlich Karla Brot heißt, ist obdachlos. Mit ganz einfachen Dingen kannst du ihr Leben schöner machen.

Lies die Beispiele in den Kreisen. Welche kleinen Hilfen fallen dir noch ein? Schreibe auf.

Schneide das Bild und die Kreise aus. Klebe das Bild in dein Heft und verteile die Kreise rundherum. Male sie gelb an und ergänze Sonnenstrahlen.

✂

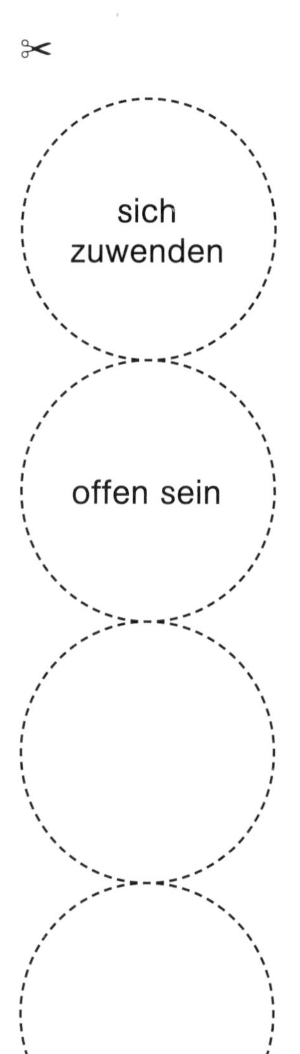

ein Lächeln schenken

etwas zu trinken geben

Name:

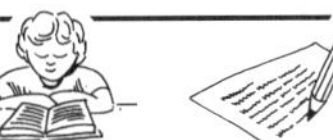

lesen **schreiben** **sprechen** malen / basteln singen vorspielen

Obdachlose verstehen

Die „Rattenfrau" hat es schwer, weil sie ihr Kind bei einem Unfall verloren hat. Nicht jeder verkraftet einen solchen Verlust.

Lies den Text und unterstreiche rot, aus welchen Gründen manche Menschen in eine Notlage geraten.

Wie der „Rattenfrau" geht es auch anderen Menschen: Ein tragischer Unfall oder ein schlimmes Erlebnis werfen sie aus der Bahn. Vielleicht hat sie ihr Partner verlassen und sie sind verzweifelt. Vielleicht haben sie ihre Arbeit verloren und kommen damit nicht klar: Sie fühlen sich nicht mehr wichtig für die Gesellschaft. Es kann sein, dass sie außerdem ihre Miete nicht mehr bezahlen können. Zwar springt der Staat dann ein und gibt diesen Menschen finanzielle Unterstützung. Für viele jedoch – vor allen Dingen für die, die zuvor ein ganz normales Leben geführt haben – ist das zu wenig, um im Alltag zurechtzukommen. Manche kennen auch einfach nicht die Schritte, die man machen muss, um vom Staat die nötige Hilfe zu erhalten.

Besonders in den kalten Wintermonaten ist es für Obdachlose schwierig, die Nächte zu überstehen. Zwar gibt es für Menschen in einer solchen Notlage Unterkünfte. Aber nicht jeder mag sie nutzen. Denn es kann schwer sein, mit Fremden in einem Zimmer zu schlafen. So bleiben die Obdachlosen oft lieber im Freien. Leider passiert es manchmal sogar, dass sie in eisigen Nächten erfrieren.

Welche Gründe fallen dir noch ein? Tausche dich mit einem Partner aus und notiere das Ergebnis.

____

____

____

____

Name:

lesen **schreiben** sprechen malen/basteln singen vorspielen

Wieder zu Hause

Alle sind froh, dass Jan nach seiner Operation wieder zu Hause ist.

Ergänze die Sätze mit den fehlenden Wörtern in Großbuchstaben.

Tipp: Lies im 39. Kapitel nach.

Lara- [5] [ ] [ ] [6] [ ] hatte ihm ein Willkommenspäckchen geschickt.

Ein Stift und ein Katzenschreibblock waren darin. *Ich freu mich auf dich!,* hatte sie auf den ersten Zettel geschrieben.

Um *Deine Lara-Sofie* hatte sie ein [ ] [4] [ ] [ ] gemalt.

[ ] [1] [ ] schaffte ganze drei Kuchenstücke hintereinander. Danach war er [ ] [ ] [ ] [ ] [7] [ ] [8] [11]. Aber er war froh wie schon lange nicht mehr.

Und überhaupt waren alle [2] [ ] [ ] [ ] wie sonst nie. Wenn es einen Apparat gäbe, so ähnlich wie einen Fotoapparat, mit dem man [ ] [10] [9] [ ] [ ] - [ ] [3] [ ] [ ] [ ] [ ] wie diesen festhalten konnte, dachte Jan, dann hätte er ihn jetzt gern gehabt.

Die nummerierten Buchstaben ergeben einen Lösungssatz. Notiere ihn.

Lösungssatz:

[1] [2] [3] [4] [5] [6] [7] [8] [9] [10] [11].

Name:

lesen schreiben **sprechen** **malen/basteln** singen vorspielen

Mit einem Stein eine Freude machen

Als Jan aus dem Krankenhaus kommt, findet er auf seinem Schreibtisch ein Päckchen von Lara-Sofie (Seite 128). Auch du kannst einem Mitschüler oder einer Mitschülerin eine Freude machen.

Gestalte einen Stein mit deinem Namen.

Du brauchst:

- einen glatt geschliffenen Stein
- einen Bleistift
- einen feinen Pinsel
- Acrylfarbe oder geeignete Stifte

So geht's:

1. Schreibe auf den Stein mit Bleistift deinen Vornamen.
2. Nimm viel Farbe und wenig Wasser und ziehe die Buchstaben mit dem Pinsel nach. Du kannst auch geeignete Stifte verwenden.
3. Verziere den Stein. Gib dir Mühe, denn dieser Stein ist ein Geschenk.
4. Lass dir von deiner Lehrerin oder deinem Lehrer etwas Haarspray auf deinen Stein sprühen. Das fixiert die Farbe und gibt ihm einen schönen Glanz.
5. Legt nun alle Steine auf einen Tisch. Deckt ein Tuch darüber. Jeder darf sich (vorsichtig und nacheinander) einen Stein nehmen. Sollte jemand seinen eigenen Stein erwischen, ist das kein Problem: Einfach den Stein noch einmal zurücklegen oder, wenn schon alle Steine weg sind, tauschen.
6. Setzt euch mit eurem Stein in der Hand in einen Kreis. Jeder hat jetzt die Möglichkeit, etwas Schönes über den Mitschüler/die Mitschülerin zu sagen, dessen/deren Name auf dem Stein steht.

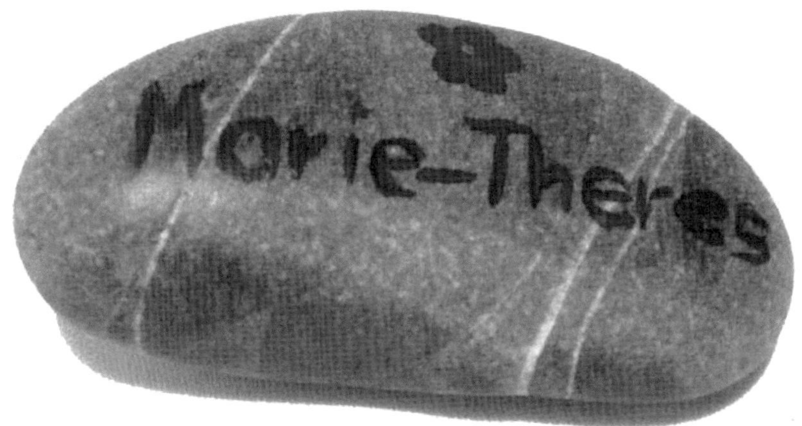

Name:

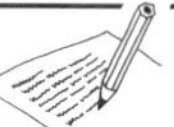

lesen schreiben sprechen **malen/basteln** singen vorspielen

Ein Puzzle basteln

✂

Name:

Du bist mein bester Freund

Text und Melodie:
Marie-Theres Seiler

2. Manchmal wünsch ich mir die Kraft, gerade so, wie du sie hast.
   Viel Kraft, die wünsch ich mir so unbedingt.

3. Manchmal wünsch ich, dass ich toben kann und rennen, wie ich will.
   Ich möcht ein starker Junge sein wie du.

4. Ja und trotzdem: Ich bin froh, ich hab ja einen guten Freund,
   der mich beschützt. Du bist mein bester Freund.

5. Manchmal wünsch ich mir 'ne Ma, die für mich da ist, jederzeit.
   Gerade so wie deine gute Ma.

6. Manchmal wünsch ich mir, dass ich nicht mehr so dick bin und so fett.
   So ganz normal wie du. Das wünsch ich mir.

7. Manchmal wünsch ich mir,
   dass niemand sagt:
   Du Fettkloß, bist du lahm!
   Ein Leben ohne jeden Spott
   wär schön.

8. Und trotzdem: Ich bin so froh,
   ich hab ja einen guten Freund.
   Er hilft mir gern.
   Du bist mein bester Freund.

Name:

lesen **schreiben** sprechen **malen/basteln** singen vorspielen

Sigrid Zeevaert schreiben

Schreibe einen Brief an Sigrid Zeevaert. Male Jan und Josh an ihrem Lieblingsort am Bach dazu.

Name:

lesen schreiben sprechen malen/basteln singen **vorspielen**

Gemeinsam sind wir stark (1)

Bühne: Bäume (Schauspieler und gesammelte Äste/auf Leinwände oder Stoff gemalte Bäume), seitlich ein paar Bretter, Nägel und ein Hammer.

Phil kommt auf die Bühne, mit Schirmmütze, schlaksiger Gang.

Phil *(ans Publikum gewandt)* Wollte mich mal vorstellen. Ich bin Phil. Wohne in einer Hochhaussiedlung. Meine Ma arbeitet den ganzen Tag. Meinen Vater kenne ich kaum. Der kreuzt nur alle paar Wochen auf und motzt mit meiner Ma rum. Dann verziehe ich mich immer sofort nach draußen. Unerträglich, sage ich euch. In die Schule geh ich, klar, obwohl ich dazu oft keine Lust hab. Ab und zu schwänze ich. Dann treibe ich mich einfach herum: Irgendwen trifft man immer, zum Beispiel Aki. Ah, da kommt er ja. *(schaut in Akis Richtung)* Warum wir Jan und Josh ärgern *(zuckt mit den Schultern)*, frage ich mich manchmal selber. Irgendwie fies von uns. Feige dazu. Die beiden sind ja kleiner als wir.

Aki kommt auf die Bühne, mit Schirmmütze, cool.

Aki *(ans Publikum gewandt)* Ich bin Aki. Und der da *(zeigt auf Phil)* ist mein Kumpel. Zusammen stellen wir meistens irgendwelchen Blödsinn an. Uns fällt oft nichts Besseres ein, als andere zu ärgern. Kleiner müssen die sein. Dann ist man immer Sieger. Fair ist das nicht. Aber ehe gar nichts passiert, machen wir lieber so was. *(zu Phil)* Hey, Kumpel! Heute mal wieder Leute ärgern?

Phil Nee, besser nicht. *(zeigt mit der Hand auf seine Brust)* Seit wir Ärger bekommen haben, sieht die Welt anders aus. Ist dir aufgefallen, dass ich was mitgebracht hab? *(zeigt auf die Bretter)*

Aki Bretter, Nägel? Was soll das?

Phil Junge, denk mal nach. Dann kommst du drauf. Ein Baumhaus bauen! Mit Jan und Josh. Wir haben was gutzumachen.

Aki Das glaub ich jetzt nicht. Dein Ernst?

Phil Mein voller Ernst. Wie gesagt: Wir haben was gutzumachen. Eine ganze Menge sogar!

Aki *(hält mit der rechten Hand an der Stirn Ausschau, kneift die Augen zusammen)* Ach, was sieht mein trübes Auge? Jan und Josh unterwegs. Genau in unsere Richtung. Die trauen sich was!

Jan und Josh kommen zögernd auf die Bühne.

Josh Ich sehe was, was d-d-du nicht siehst.

Name:

lesen schreiben sprechen malen/basteln singen **vorspielen**

Gemeinsam sind wir stark (2)

Jan Ich sehe was, was du auch siehst. Machen wir die Kehre oder gehen wir weiter?

Josh Die tun uns nichts mehr. Bei dem Ärger, den sie bekommen haben. Los, Jan, weiter! Angst ist für uns ein Fremdwort, oder?

Jan Na dann los!

Phil Wir tun euch nichts. Ehrenwort. Wir haben richtig viel Mist gebaut. Da müssen wir was gutmachen.

Jan und Josh schauen sich verwundert an.

Josh *(leise)* Was ist denn in die gefahren?

Jan zuckt mit den Schultern.

Aki Wir dachten, wir bauen zusammen ein Baumhaus.

Jan *(gedehnt)* Waaaas?! Ihr mit uns? Das glaub ich jetzt nicht.

Aki Ja, richtig gehört. Ein Baumhaus. Zu viert. Macht ihr mit?

Jan Ich dachte, dass ihr Baumhäuser nur zerstören könnt.

Aki Wir können auch anders. Also, wollt ihr?

Jan und Josh schauen sich an. Sie beraten sich leise.

Josh In O-O-Ordnung.

Alle vier gehen zu den Brettern, schauen sie sich an.

Jan Und wie soll das jetzt bitte gehen?

Phil Ganz einfach. Wir zeigen es euch.

Aki und Phil nehmen zwei Bretter, legen sie im richtigen Abstand auf den Boden, holen ein drittes Brett und nageln es an den anderen Brettern fest.

Aki So, jetzt seid ihr dran.

Im Wechsel nagelt erst Jan, dann Josh ein Brett fest.

Phil Sieht gut aus.

Jan Macht Spaß.

Sie nageln, hämmern, begutachten.

Josh Und ihr macht das nie mehr kaputt?

Aki und Phil Nie mehr. Großes Indianerehrenwort!

Gemeinsam sind wir stark (3)

Von Weitem sehen sie jemanden kommen. Phil winkt.

Josh Wer ist das? Kennst du die Frau?

Phil Ja, ist mir bekannt. Ist meine Mutter. Die hatte die Idee mit dem Baumhaus.

Jan *(begeistert)* Oh, die ist ja cool!

Phil, sichtlich stolz, stemmt die Hände in die Hüften und nickt. Phils Mutter bringt einen Korb mit Getränken, Gebäck und Obst und eine Picknickdecke mit.

Phils Mutter Na, wie weit seid ihr? Wann ist der Einzug? *(lacht)*

Phil *(streng)* Mutter!

Phils Mutter Ich dachte nur. Immerhin, sieht doch schon alles gut aus. Aber jetzt gibt es ein Päuschen, einverstanden? Jan und Josh, was sagt ihr dazu?

Jan Oh, gern! Pausen müssen sein. Bin schon richtig geschafft.

Josh Ja, eine Pause, bitte.

alle Pause, Pause, Pause!

Alle setzen sich auf der Picknickdecke in einen Kreis, das Essen und die Getränke in der Mitte.

Phils Mutter *(richtet den Blick auf Jan und Josh)* Fühlt sich gut an, wenn man keine Angst haben muss, oder? Ich glaube, Phil und Aki sollten sich mal richtig entschuldigen. Oder haben sie das schon gemacht? *(Sie wendet sich Aki und Phil zu.)*

Aki 'tschuldigung!

Phil War 'ne fiese Nummer.

Aki Passiert nicht mehr.

Phil Schließlich sind wir ja schon fast Freunde.

Jan Das geht mir jetzt zu schnell. Aber gut. Vielleicht sind wir ja Freunde, wenn das Baumhaus fertig ist. Und wehe, es wird zerstört!

Phil Zerstören? Never! Die Zeiten haben sich geändert.

Alle zusammen schmausen, lachen, erzählen.

Name:

Ein Baumhaus bauen

Findet euch zu dritt oder zu viert zusammen und bastelt ein Baumhaus.

Ihr braucht:

- ca. 55 kleine Holzstäbchen (5,5 cm x 0,5 cm)
- ca. 15 große Holzstäbchen (11,5 cm x 1 cm)
- Holzkleber
- lufttrocknende Modelliermasse
- einen kleinen Zweig mit Verästelungen
- Acryl- oder Plakatfarbe
- eine Schere
- grünes Tonpapier

So geht's:

1. Arbeitet zuerst mit den kleinen Holzstäbchen: Legt zwei Stäbchen waagrecht im Abstand von ca. 4 cm übereinander auf den Tisch (mit Unterlage). Klebt darauf neun Stäbchen, die die waagrechten Stäbchen miteinander verbinden. Die erste Hauswand ist geschafft.
2. Das wiederholt ihr dreimal. Jetzt habt ihr drei Wände und das Dach.
3. Lasst euch jetzt zwei Stäbchen von eurer Lehrerin oder eurem Lehrer halbieren. Klebt die Wand mit dem Eingang: Legt zwei Stäbchen waagrecht übereinander, diesmal im Abstand von ca. 2 cm. Klebt darauf links drei Stäbchen, in die Mitte drei halbe Stäbchen, rechts drei Stäbchen. Die ganzen Stäbchen müssen so angebracht werden, dass die untere Hälfte über die waagrechten Streben reicht.
4. Klebt die vier Wände des Baumhauses zusammen und befestigt das Dach oben ebenfalls mit Kleber.
5. Mit den großen Stäbchen baut ihr auf die gleiche Weise wie unter 1. beschrieben (mit etwas mehr Abstand zwischen den waagrechten Stäbchen) eine Fläche. Darauf macht ihr das Baumhaus mit Kleber fest.
6. Formt aus der Modelliermasse einen kleinen „Hügel". Steckt den Zweig hinein und wartet, bis die Modelliermasse getrocknet ist. Bemalt sie dann mit Farbe.
7. Setzt nun das Baumhaus in den „Baum". Arbeitet bei Bedarf mit Kleber.
8. Schneidet Blätter mit Stiel aus dem Papier aus und hängt sie in die Äste.

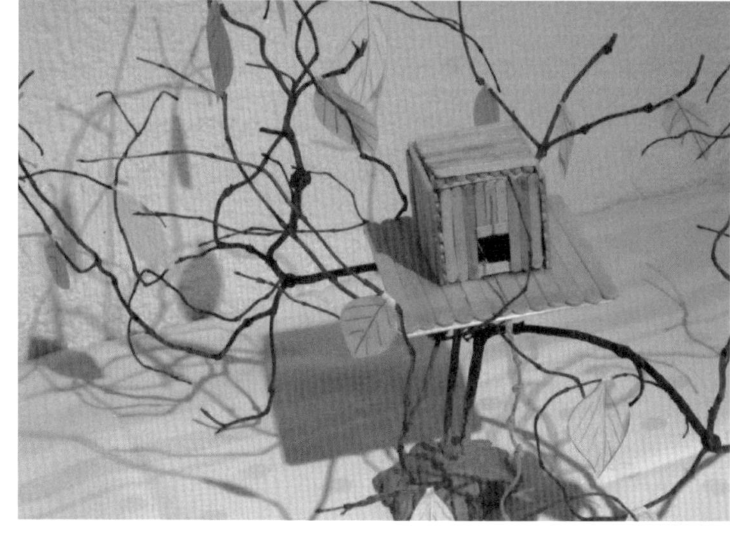